**모두를 위한 페미니즘**

이 도서의 국립중앙도서관 출판예정도서목록(CIP)은 서지정보유통지원시스템 홈페이지(http://
seoji.nl.go.kr)와 국가자료공동목록시스템(http://www.nl.go.kr/kolisnet)에서 이용하실 수
있습니다. (CIP제어번호: CIP2017005955)

모두를
위한
페미니즘

FEMINISM
IS FOR
EVERYBODY PASSIONATE POLITICS

bell hooks

벨 훅스 지음
이경아 옮김
권김현영 해제

문학동네

일러두기

• 본문의 각주는 모두 옮긴이주다.

40년 넘게 페미니즘 이론과 실천을 연구해 온 나는, 페미니즘 운동에 헌신하고 가부장제에 도전해 변화를 일궈내기 위해 해를 거듭할수록 더 치열하게 살아왔다고 자부한다. 요즘 들어 나는 그 어느 때보다도 적극적으로, 여성이든 남성이든, 변화를 위해 늘 노력하고 성차별주의sexism와 그에 근거한 착취와 억압의 사슬을 끊어내리라는 희망을 포기하지 않는 사람들의 삶에 페미니즘 투쟁이 선사한 해방의 기쁨을 나누려 애쓰고 있다.

페미니즘 운동에 발을 들였을 때부터 나는 페미니즘 운동을 대중화하는 일에 가장 열성적으로 참여했다. 스무 살의 나는 우리 삶을 바꾸기 위해, 사회정의를 바로세우는 페미니즘 운동에 뛰어들기로 다짐했고, 이에 페미니즘 이론과 실천이 지닌 의미를 더 많은 사람들 즉, 대중에게 전달할 수 있는 다양한 방법에 대해 고민했다. 나는 주로 페미니즘에 대해 한 번도 생각해본 적 없는 사람들, 특히 흑인 친구들을 위해 글을 썼다. 하지만 대체로 학생 시절이나 강단에 선 후에야 그런 글들을 썼음을 고려하면 내 글이 늘 많은 독자를 만난 것은 아니라는 점을 쉽게 짐작할 수 있다. 독자들이 '이런 책이 있다'는 사실을 알려면, 무엇보다 서점에서 책을 실제로 보거나 서평을 읽을 기회가 있어야 한다. 그런데 반체제적이고 급진적인 책일수록 주류의 서평을 많이 못 받을 가능성도 커진다.

그런 점에서는 운좋게도, 내 책들은 서평을 받는 일은 드물었지만 독자들을 만날 수는 있었다. 확실히, 강의 교재로 채택되니 주류의 눈에는 들지 않았어도 독자들이 생겨났다. 물론 "이 책이 제 인생을 구했어요"라고 독자가 찬사를 보낼 만한 책을 쓰면 입소문 때문에 책이 날개 돋친 듯 팔릴 것이다. 페미니즘 이론서를 써온 지난 40년을 되돌아보면, 독자들이 여전히 내 책을 찾으며 비판 의식을 키우는 교재로 여전히 활용하고 있다는 사실에 경외감마저 든다.

지난 수년간 페미니즘 이론과 문화비평이 여성과 남성의 다양한 목소리에 점점 더 귀를 기울여온 만큼, 학술적인 논의의 공간은 페미니즘이 전파되는 기본적인 장으로 자리매김했다. 이러한 경향 덕분에 페미니즘적 사고와 실천이 지닌 의미와 힘을 배울 기회가 더 생겼으니 학생들의 입장에서는 긍정적인 일이다. 하지만 이는 페미니즘 운동에 더 많은 대중을 끌어들이는 데는 부정적으로 작용했다.

학창 시절 받은 여성학 수업과 거기서 읽은 책이 나를 바꿔놓아 페미니즘에 대해 완전히 각성하게 됐다. 그러나 딸이 여섯이고 아들이 하나인 집안에서 태어난 나는 엄마와 형제자매, 내가 아는 모든 사람들이 나처럼 페미니즘 사고에 도취되기를 원했다. 이 책의 표지 속 두 여자는 바로 나와 내가 여대 1학년 시절에 사귄 절친한 친구 에이프릴이다. 노동 계급 문제에 대해 이야기 나누며 가까워진 우리 사이에 인종 장벽은 들어설 여지가 없었다. 사진 속 우리는 스무 살을 코앞에 둔 십대 후반이었다. 내가 페미니즘에 흠뻑 빠지면서 에이프릴도 함께 페미니즘 콘퍼런스에 참가해 페미니즘 전반에 대해 배웠다. 그로부터 40여 년이 흐른 지금까지도 우리는 함께 페미니즘 강의를

원서 표지에 실린 대학생 시절 벨 훅스(왼쪽)와 친구 에이프릴(오른쪽).

들으러 다닌다. 인생이라는 여정을 함께 배우고 경험하면서 우리는 '자매애는 강력하다sister is powerful'는 진리를 깨우쳤다.

무엇을 쓸지 고민스러울 때면 늘 구체적인 경험에서 글감을 찾아 내 인생은 물론 주변 남성과 여성의 삶에서 일어난 일들에 대해 써내려갔다. 오랫동안 학교 안팎에서 만난 사람들은 내게 페미니즘의 이론과 실천이 무엇인지 잘 모르겠다고 털어놓았다. 여성학 수업을 통해 비판 의식을 키운 학생들이 가족과 친구들에게 자신의 새로운 사고방식에 대해 설명하면서 어려움을 겪는 경우도 드물지 않았다.

페미니즘 이론이 "너무 학문적"이라거나 "일반인이 이해하기 어려운 단어투성이"라는 불만을 듣다보니, 어떻게든 모두에게 페미니즘 정치를 이해시킬 수 없다면 이 운동은 실패한 것이다 싶었다. 나는 가가호호 찾아다니며 페미니즘적 사고가 무엇인지 알려야 한다고 말하곤 했다(물론 실행에 옮긴 적은 없다). 그런 고민을 하던 차에 이런 생각이 떠올랐다. 사람들에게 페미니즘적 사고에 대해 설명하면서 페미니즘 정치를 받아들이도록 구슬릴 만한 쉬운 책을 써보면 어떨까.

단 한 번도 페미니즘 운동이 여성들만의 것이라고도, 그래야만 한다고도 생각해본 적 없다. 여성이든 남성이든, 소녀든 소년이든 모두가 페미니즘에 한 발 더 다가오게 설득하지 못하면 페미니즘 운동이 성공할 수 없다는 사실을 마음 깊이 확신했다. 나는 내 학생들에게 페미니즘적 사고에 대해 설명하고 집에 가져가서 친척과 부모님, 조부모님, 교회 신도들과 함께 읽을 만한 책을 쓸 작정이라고 말하곤 했다.

『모두를 위한 페미니즘』이라는 제목은 이 책의 성격을
한눈에 보여주는 일종의 구호다. 명료하고, 간결하고, 쉽
게 읽히는 책. 그런 점에서 내 꿈이 실현된 책이다. 이 책
이야말로 우리 모두를 페미니즘에 한 발 더 가까이 초대
하기 때문이다.

서문

# 페미니즘에
# 한 발 더 가까이

어디서든 내가 누구이며 무슨 일을 하는지 궁금해하는 사람에게 자랑스럽게 이렇게 대답한다. 나는 작가이며 페미니즘 사상가, 문화비평가라고 말이다. 그러고는 여러 매체에 영화나 대중문화에 담긴 메시지를 분석한 글을 기고한다고 덧붙인다. 그러면 대개 사람들은 흥미로워하며 좀더 자세하게 알고 싶어한다. 누구나 영화를 보고, 텔레비전을 시청하고, 잡지를 뒤적이고, 그 과정에서 읽어낸 메시지와 직접 본 이미지에 대해 나름대로 의견을 갖는다. 그렇기에 내가 만나는 이런저런 사람들에게 문화비평가라거나 글쓰기에 열정을 품고 있다는 말을 이해시키기는 쉽다(많은 이들이 글을 쓰고 싶어하고 실제로 쓰는 사람도 많다). 하지만 페미니즘 사상가라는 지점에 이르면 질문이 뚝 끊긴다. 대신 사람들은 페미니즘의 폐해와 나쁜 페미니스트들에 대해 이야기하기 시작한다. '그들'이 얼마나 남자를 혐오하는지에 대해, '그들'이 얼마나 만물의 본성 즉, 신을 거스르는지에 대해, '그들'은 전부 레즈비언이고, '그들'이 일자리를 몽땅 채가는 바람에 백인 남자들이 기회를 빼앗겨 얼마나 살기 어려워졌는지 아느냐고 늘어놓는다.

이런 얘기를 하는 이들에게 나는 이렇게 묻는다. 페미니즘에 관해 어떤 책이나 잡지를 읽어봤는가. 페미니즘 담론에 대해서 어떤 이야기를 들었는가. 페미니즘 활동가에 대해 무엇을 아는가. 질문에 대한 답변을 듣고 나면, 그들이 아는 페미니즘은 십중팔구 누군가에게 전해 들은 것일 뿐이며 페미니즘 운동이 실제로 무엇인지 거기서 실제로 어떤 일이 벌어지고 있는지 자세히 알아본 적도 없다는 사실을 알게 된다. 대개 사람들은 페미니즘 하면 남자처럼 되고 싶은 한 무리의 성난 여자들을 떠올린다. 그들은 페미니즘이 권리에 관한 것이라고, 다시 말해 여자들도 동등한 권리를 누리는 세상을 만들기 위한 운동이라고는 생각조차 해본 적이 없다. 내가 아는 페미니즘에 대해 조곤조곤 이야기해주면 그들은 기꺼이 내 말에 귀를 기울인다. 그러나 이야기를 마칠 즈음 곧장 이런 반응을 보인다. 당신은 남성을 혐오하고 늘 화가 나 있는 '진짜' 페미니스트 같지 않다고, 당신은 다른 것 같다고 말이다. 이에 나는 나야말로 누구보다 진짜고 급진적인 페미니스트이며, 페미니즘을 더 자세히 들여다보면 덮어놓고 짐작했던 모습과는 다를 것이라고 힘주어 말한다.

이런 일을 겪을 때마다 상대에게 추천할 만한 얇은 책이 있으면 좋겠다 싶었다. "이 책을 한번 읽어보세요. 그러면 페미니즘이 뭔지, 페미니즘 운동이 무엇에 관한 것인지 알 수 있어요." 이렇게 권하게 말이다. 그 순간에 축약적이고 이해하기 쉽게 잘 읽히는 책이 손에 쥐여 있으면 얼마나 좋을까. 요령부득한 학술용어만 가득한 두껍고 난해한 책이 아니라, 간결하고 명확해서 이해되는 부분만 대충 건너뛰면서 읽지 않아도 되는 그런 쉬운 책 말이다. 페미니즘 사상과 페미니즘 정치, 그리고 그 실천이 내 인생을 바꾼 순간부터 나는 그런 책을 원했다. 내가 사랑하는 사람들에게 그런 책을 권해 내 정치적 삶의 근본인 페미니즘의 대의와 내가 깊이 신봉하는 이 페미니즘 정치에 대해 더 잘 이해시키고 싶었다.

'페미니즘이란 무엇인가?'라는 의문에 대해 사람들이 공포나 환상에 비롯하지 않은 해답을 얻기 바랐다. 사람들이 '페미니즘은 성차별주의와 그에 근거한 착취와 억압을 끝내려는 운동이다'라는 간결한 정의를 읽고 또 읽어서 그 의미를 깨우치기를 바랐다. 나는 이런 식으로 페미니즘을 정의하는 게 마음에 들어 10년도 더 전에 쓴 『페미니즘 — 주변에서 중심으로』*에서 처음으로 그렇게 정리했다. 페미니즘 운동이 남성을 혐오하지 않는다고 확실하게 못박는 정의라 마음에 든다. 또한 이 정의는 성차별주의가 문제라고 분명하게 밝힌다. 이렇게 콕 집어서 말해주는 덕에 여자든 남자든 태어날 때부터 성차별주의적 사고와 행동양식을 받아들이게끔 사회화되었다는 사실을 명심하는 데도 도움이 된다. 이런 사회화 때문에 여자도 남자만큼이나 성차별주의자가 될 수 있다. 그리고 이는 남성중심주의를 두둔하거나 정당화한다기보다 페미니즘 사상가들이 이 운동을 단순히 남녀 대립 구도로 인식하는 건 순진하고 착오적인 발상이라는 점을 상기시킨다. (제

---

* 원제는 *Feminist Theory: From Margin to Center*로 원서 초판은 1984년에 출간됐다. 한국어판은 2010년 모티브북에서 출간되었다.

도화된 성차별주의의 또다른 이름인) 가부장제를 철폐하기 위해 우리의 사고방식과 정신부터 바꾸지 않는 한, 다시 말해 성차별주의적 사고와 행동을 버리고 그 자리에 페미니즘적 사고와 행동을 들이지 않는 한, 우리 모두가 성차별주의를 영구화하는 과정에 참여한다는 사실을 명심해야 한다.

일반적으로 남성은 가부장제, 그러니까 남자가 여자보다 우수하므로 여자를 지배해야 한다는 전제의 수혜자다. 그러나 여기에는 대가가 따른다. 남자들은 가부장제의 열매를 모두 챙기는 대신 그 제도를 지키기 위해서라면 폭력을 사용해서라도 여성을 지배하고, 착취하고, 억압하도록 요구받는다. 대부분의 남자들은 가장으로서의 삶이 녹록지 않다는 사실을 알게 된다. 그리고 여자들이 남자들에게 느끼는 증오와 공포, 여성을 향한 남성의 폭력 모두를 혼란스러워한다. 심지어 이런 폭력을 영구화하는 남자들조차도 마찬가지다. 하지만 정작 손에 쥔 이득을 포기하려들지는 않는다. 그들은 가부장제가 다른 무언가로 변하면 자신에게 친숙한 세상이 어떻게 달라질지 몰라 불안해한다. 그래서 머리와 가슴으로는 남성중심주의가 잘못되었다는 사실을 알면서도 무저항적으로 이를 지지하는 편이 더 낫다고 여긴다. 남자들은 몇 번이고 내게 페미니스트들이 뭘 원하는지 모르겠다고 말한다. 나는 그들을 믿는다. 그들이 변화하고 성장할 능력을 갖췄음을 믿는다. 그리고 그들이 페미니즘을 더 잘 알게 되면 더이상 페미니즘을 두려워하지 않으리라고 믿는다. 페미니즘 운동을 통해 그들 역시 가부장제의 속박에서 풀려나리라는 희망을 보게 될 테니 말이다.

　이런 책이 있으면 얼마나 좋을까 하고 20년 넘게 생각만 하다가 결국 이 얇은 안내서를 직접 쓰며 염두에 둔 독자가 바로 앞서 언급한 젊고 늙은 남성들, 그리고 우리 모두다. 이런 책을 계속 기다렸지만 아무도 써주지 않았기에 결국 내가 쓸 수밖에 없었다. 매일같이 반反페미니즘의 역풍이 휘몰아치고, 잘 알지도 못하는 페미니즘 운동을 증오하고 그에 저항하라는 메시지가 쏟아지는 상황에서 이런 책이 없으면 수많은 사람들에게 말을 걸 수 없다. 페미니즘의 모든 것을 알려주는 쉽고 짧은 입문서가 쏟아져나와야 한다. 그래서 지식을 얻은 사람들이 페미니즘에 관한 글이나 전문서도 쉽게 읽을 수 있어야 한다. 그러면 이 책도 페미니즘 정치를 대변하는 열정에 찬 또하나의 목소리에 불과해질 것이다. 이 세상에 페미니즘을 더 많이 알려야 한다. 옥외광고판을 세워야 하고, 잡지에도 광고를 실어야 하며, 버스와 지하철, 기차에서도 광고해야 한다. 텔레비전으로 우리의 메시지를 널리 퍼뜨려야 한다. 우리는 아직 거기까지는 이르지 못했다. 하지만 앞으로 이런 노력을 통해 페미니즘을 널리 알려야 하고, 이 운동이 모두의 머리에 가닿고 마음을 울리게 해야 한다. 페미니스트들은 이미 우리 일상을 긍정적으로 변화시키고 있다. 그러나 페미니즘에 대해 부정적인 이야기만 듣는다면 긍정적인 측면은 더이상 눈에 들어오지 않을 것이다.

내가 처음으로 남성중심주의에 저항하고, 가부장제 사고에 반기를 들었을 때 (또한 내 삶에서 가장 강하게 가부장제를 드러내는 목소리였던 어머니와 맞섰을 때) 나는 자살충동과 우울증에 시달리며 삶의 의미와 내 자리를 찾고 싶었던 십대였다. 내겐 단단히 딛고 설 수 있는, 평등과 정의의 토대가 되어줄 페미니즘이 필요했다. 엄마는 뒤늦게 페미니즘에 눈을 뜨셨다. 엄마는 나를 비롯해 당신의 딸들(우리는 모두 여섯이다)이 페미니즘 정치 덕분에 더 나은 삶을 사는 모습을 지켜보셨으며, 페미니즘 운동에서 가능성과 희망을 보셨다. 내가 이 책에서 당신과, 나아가 모두와 나누고 싶은 게 바로 그 가능성과 희망이다.

아무도 지배받지 않는 세상을 상상해보라. 여자와 남자가 무조건 똑같거나 평등한 곳이 아니라 서로에 대한 존중이 사람과 사람 사이 관계의 틀을 만드는 기준인 세상 말이다. 누구나 타고난 모습 그대로 살 수 있는 세상에서, 평화와 가능성의 세상에서 산다고 상상해보라. 페미니즘 혁명만으로는 그런 세상을 만들 수 없다. 인종차별과 계급 엘리트주의, 제국주의도 함께 종식해야 한다. 하지만 페미니즘 혁명을 통해, 우리는 여자로서 그리고 남자로서 완전한 자기실현을 할 수 있을 것이다. 그리하여 사랑의 공동체를 건설하고 그 안에서 함께 살아가며 자유와 정의를 향한 우리의 꿈을 실현하고 모든 인간이 '평등하게 창조되었다'는 진리를 실천할 수 있을 것이다. 한 걸음 더 다가오라. 페미니즘이 당신과 우리 모두의 삶에 어떤 영향을 미치고 어떤 변화를 이끌어내는지 지켜보라. 더 가까이 다가와 페미니즘 운동이 무엇인지 직접 확인하라. 더 가까이 다가오라. 그러면 더 잘 보일 것이다. 모두를 위한 페미니즘이.

FEMINISM

1장

# 페미니즘 정치

## 우리가 서 있는 곳

IS FOR

EVERYBODY

페미니즘이란 간단히 말해서 성차별주의와 그에 근거한 착취와 억압을 끝내려는 운동이다. 10년도 더 전에 쓴 『페미니즘―주변에서 중심으로』에서 페미니즘을 이렇게 정의했었다. 그때만 해도 누구나 이렇게 페미니즘을 정의했으면 좋겠다 싶었다. 나는 이 정의가 퍽 마음에 들었는데, 남성을 적으로 돌리지 않는 듯했기 때문이다. 성차별주의를 문제로 지목하면 상황의 본질을 곧장 파고들게 된다. 실제로 페미니즘을 이렇게 정의하면 성차별주의를 공고히 하는 주체가 여성이든 남성이든, 아이든 어른이든 상관없이 성차별주의적 사고와 행동이 문제라는 걸 일깨워줄 수 있다. 게다가 이는 구조적으로 제도화된 성차별주의에 대한 이해까지 포함할 정도로 포괄적이기도 하다. 그런 점에서 볼 때 이 정의는 일종의 열린 결말과도 같다. 페미니즘을 이해하려면 성차별주의부터 알아야 한다고 이 정의는 시사하고 있다.

페미니즘 정치의 옹호자라면 다 알겠지만, 사람들은 대부분 성차별주의가 뭔지 잘 모르고 설사 안다고 해도 이를 문제시하지 않는다. 대중은 페미니즘을 항상 남성과 동등해지려는 여성들에 관한 것이라고만 생각한다. 그래서 페미니즘을 반反남성주의로 여기는 사람도 부지기수다. 사람들이 주로 가부장제적인 대중매체로부터 페미니즘에 대한 정보를 얻는 현실에서 페미니즘 정치에 관한 오해가 비롯된다. 대개 그들은 주로 젠더 평등에 헌신하는 여성들의 페미니즘을 가장 많이 접한다. '동일노동 동일임금'이나 여성과 남성이 가사노동과 육아를 공동으로 분담해야 한다고 주장하는 식의 페미니즘 말이다. 그들이 보기에 이렇게 주장하는 여성들은 대개 백인이고 물질적으로 특권층에 속한다. 대중매체에서 접한 바에 따르면, 여성해방운동은 임신중단을 선택할 자유, 레즈비언일 자유, 성폭력과 가정 폭력에 항거할 자유를 위해 싸운다. 많은 이들이 이런 문제들 중에서도 직장 내 젠더 평등 즉,

동일노동 동일임금 주장에는 공감한다.

'기독교' 문화를 바탕으로 하는 미국 사회에서는 신이 정한 바에 따라 가정에서는 여성이 남성의 뜻을 따라야 한다는 인식이 퍼져 있다. 취직을 하는 여성들이 아무리 많아도, 가정 내에서 실질적 가장인 여성들이 아무리 많아도, 미국 사람들은 가정에 성인 남성이 있건 없건 남성 중심주의 논리가 고스란히 유지되는 가정생활을 이상적인 것으로 간주한다. 페미니즘 운동이 반남성주의라는 그릇된 인식은 모든 여성의 공간은 필연적으로 가부장제와 성차별주의가 끼어들 여지가 없는 장소일 수밖에 없다는 그릇된 생각과 결부되었다. 심지어 페미니즘 정치에 관련된 사람들을 비롯해 수많은 여자들이 이렇게 믿었다.

남성중심주의에 분노로 대항했던 초기 페미니즘 활동가들 사이에 반남성 정서가 팽배했던 것은 사실이다. 여성들이 해방운동을 시작하게 된 계기가 바로 남성중심주의라는 불의를 향한 분노였으니 말이다. (다수가 백인이었던) 초기 페미니스트 활동가들은 대부분 페미니즘 운동에 뛰어들기 전 남성들과 함께 계급주의와 인종차별철폐를 위해 싸운 이들이었다. 그런데 이 남성들은 세상을 향해서는 자유의 중요성에 대해 역설하면서 정작 동료 여성들은 무시했고, 이런 환경에서 여성은 남성중심주의의 본성에 대해 뼈저리게 깨닫게 됐다. 사회주의를 위해 싸운 백인 여성이든, 인권과 흑인해방을 위해 싸운 흑인 여성이든, 원주민의 권리를 위해 싸운 아메리카 원주민 여성이든 이 사실만은 확실히 알게 됐다. 남성들은 자기네가 직접 운동을 이끌고 여성들은 잠자코 뒤따라오기를 원했다. 이러한 급진적 자유투쟁을 경험하면서 진보적인 여성들의 내면에서 반란과 저항의 정신이 깨어났고 마침내 그녀들은 동시대 여성의 해방으로 눈을 돌리게 되었다.

현대 페미니즘이 진보하면서, 다시 말해 우리 사회에서 남성만 성차별주의적 사고와 행동을 두둔하는 것이 아니라는 사실을 여성들이 깨달으면서 반남성주의는 더이상 운동의 이념에 영향을 미치지 않게 되었다. 여자도 마찬가지로 성차별주의자가 될 수 있기 때문이었다. 이후 운동은 젠더 평등을 이루기 위한 전면적인 노력으로 그 중심이 옮겨갔다. 하지만 함께 연대해 페미니즘을 진전시키려는 여성들의 발목을 그녀들 내면의 성차별주의적 사고가 붙잡았다. 여성들이 경쟁하듯 반목하는 한, 자매애는 강력해질 수 없었다. 모든 여성은 어떤 식으로든 남성중심주의의 피해자라는 현실 인식만을 토대로 세워진 유토피아적 자매애는 계급과 인종에 대한 논의가 시작되자 무너져버렸다. 현대 페미니즘에서는 초기부터 인종 논의에 앞서 계급차별에 대한 논의부터 등장했다. 다이애나프레스 출판사는 이미 1970년대 중반 여성들 사이에 존재하는 계급 적대를 꿰뚫어 보는 혁명적인 통찰이 담긴 『계급과 페미니즘*Class and Feminism*』이라는 에세이집을 출간했다. 결코 '자매애는 강력하다'는 믿음을 무시해서 이런 논의를 한 게 아니다. 이 책은 오히려 우리가 젠더와 계급, 그리고 인종을 통해 여성이 다른 여성을 지배하고 착취하는 방식에 맞서야만 비로소 투쟁으로 맺어진 자매들이 될 수 있다고 강조했으며 더불어 이러한 차이들을 다루는 정치적인 장을 마련한 셈이었다.

현대 페미니즘 운동의 초기부터 흑인 여성들은 개별적으로 적극적인 활동을 했음에도 운동의 '주역'으로 대중매체의 관심을 끌지는 못했다. 대개 페미니즘 운동에서 활동한 흑인 여성들은 (다수의 백인 레즈비언들과 마찬가지로) 혁명적 페미니스트revolutionary feminist들이었다. 이들은 이미 페미니즘의 미래를 기존 사회체계 내에서 여성이 남성과 평등해지는 것으로만 그리려는 개혁주의 페미니스트reformist feminist들과 불화중이었다. 그러나 페미니즘 운동의 여러 그룹에서 인종 문제를 널리 논의하기 전부터 이미 흑인 여성들은 (그리고 그들의 혁명적 동맹자들은) 기존의 백인우월주의-자본주의-가부장제를 그대로 유지한 채로는 절대 여남이 평등해질 수 없다는 사실을 훤히 꿰뚫고 있었다.

페미니즘 운동은 초기부터 양극화되었다. 개혁파들은 젠더 평등을 더 중시했다. 혁명파들은 기존 체계를 조금 손보는 것으로 여성이 좀더 권리를 차지하는 일에는 관심이 없었다. 아예 그 체계를 뜯어고치고 가부장제와 성차별주의를 무너뜨리고 싶어했다. 그러나 가부장제하의 대중매체는 이런 혁명파의 주장에는 별 관심이 없었고 당연히 이 주장은 주류 언론의 관심을 전혀 받지 못했다. 예나 지금이나 대중의 상상력을 지배하는 '여성해방'의 이미지는 남성의 것을 여성도 가지는 것이다. 그리고 이런 목표는 혁명파의 주장과 달리 수월하게 받아들여졌다. 경기 침체와 실업 등 미국 경제에 불어닥친 각종 변화들로 시민들이 일터에서 젠더 평등 개념을 받아들이기 좋은 상황이 조성되었기 때문이다.

인종차별이 만연한 현실을 감안하면, 백인 남성들이 여성에게 권리를 보장함으로써 백인우월주의를 유지하는

데 득이 된다면 여성의 권리 확대를 좀더 전향적으로 고려해야 한다는 주장은 납득 가능하다. 인종차별이 법적으로 금지되고 흑인이, 콕 집어 말하자면 흑인 남성이 일터에서 백인 남성과 동등한 대우를 받을 수 있게 된 민권운동의 성공 이후 백인 여성들이 자유의 확대를 주장했다는 사실을 절대 잊어서는 안 된다. 일터에서의 젠더 평등에 주로 초점을 맞춰야 한다는 개혁적 페미니즘은, 개혁을 요구하면서도 동시에 사회구조를 총체적으로 재편해 나라 전체가 근본적으로 성차별주의에 맞서게 해야 한다는 현대 페미니즘의 급진적인 토대에 그림자를 드리웠다.

특히 특권층 백인 여성들을 중심으로 여성들이 기존 사회구조 내에서 경제력을 획득하게 되면서 혁명적 페미니즘의 비전은 고려 대상에서 멀어졌다. 아이러니하게도 이 혁명적 페미니즘을 가장 잘 포용한 곳은 학계였다. 학계에서는 혁명적 페미니즘을 이론으로 정립해 발표했지만, 정작 대중은 이 이론에 쉽게 접근할 수 없는 경우가 태반이었다. 결국 이 이론은 우리 중에서도 학식이 뛰어나고, 교육 수준이 높고, 대개 경제적으로 윤택한 사람들이 접할 수 있는 특권층의 담론으로 자리잡았으며 그런 경향이 지금까지도 이어지고 있다. 페미니즘으로의 변혁에 관한 해방적인 비전을 제시하는 『페미니즘—주변에서 중심으로』와 같은 작업은 결코 주류의 관심을 끌지 못한다. 대중은 이런 책이 존재한다는 사실을 들어본 적도 없다. 따지고 보면 대중은 이런 책에 담긴 메시지를 거부한 적이 없다. 그게 무슨 메시지인지도 모르니 말이다.

주류 세력인 백인우월주의-자본주의-가부장제의 입장에서는 반남성주의 노선을 취하지 않거나 여성이 남성과 같은 권리를 누려야 한다는 주장에 중점을 두지 않은 페미니즘 이론을 억압하는 편이 득이었고 개혁적 페미니스트들도 이들의 목소리를 지우려 애썼다. 개혁적 페미니즘은 그들에게 계층 이동의 수단이었다. 그들은 일터에서 남성중심주의의 속박에서 벗어났고 좀더 주체적인 라이프스타일을 누릴 수 있게 되었다. 성차별주의가 여전히 만연한 상황에서도 그들은 기존 체계 내에서 최대한 자유를 누리고자 했다. 그리고 그들이 거부한 궂은일은 착취당하는 종속된 하층 계급 여성들이 떠맡을 터였다. 그들은 노동자 계급과 가난한 여성들의 종속을 수용하고 오히려 이와 결탁함으로써 기존 가부장제 그리고 그에 수반되는 성차별주의와도 동맹을 맺은 셈이다. 그뿐만 아니라 직장에서 남성과 대등한 대우를 받으며 일한대도, 가정에서는 대등하길 원할 때만 권리를 요구하는 이중생활을 영위할 권리를 바란다. 레즈비언이라면 직장에서 남성과 동등하게 대우받는 특혜를 누리면서, 한편으로는 계급 권력을 이용해 남성과 거의 혹은 전혀 접촉하지 않아도 되는 가정생활을 꾸릴 수도 있다.

라이프스타일 페미니즘은 이 세상에 존재하는 여성의 수만큼 다양한 페미니즘이 존재할 수 있다는 개념을 낳았다. 별안간 페미니즘에서 정치성이 서서히 옅어졌다. 그리고 정치 성향이 보수건 진보건 여성이라면 페미니즘을 평소 라이프스타일에 적용할 수 있다는 주장에 힘이 실렸다. 분명 이런 식의 사고 덕분에 페미니즘은 좀더 대중에게 다가갈 수 있었는데, 여성이 자신이나 자신이 속한 문화에 도전해 근본적인 변화를 이끌어내지 않아도 페미니스트일 수 있다는 전제가 그 기저에 자리하기 때문이다. 임신중단 문제를 예로 들어보자. 페미니즘이 성차별주의에 근거한 억압을 종식하려는 운동이고 여성에게서 임신 선택권을 박탈하려는 시도가 그런 억압의 한 형태라면, 임신중단권을 반대하면서 동시에 페미니스트가 될 수는 없다. 자신은 임신중단을 선택하지 않더라도 여성은 다른 여성의 선택권을 지지하면서 동시에 페미니즘 정치를 옹호할 수 있다. 임신중단권을 반대하면서 페미니즘을 옹호할 수는 없다. 마찬가지로 타인을 착취하고 억압하여 얻은 권력에서 파생했다면 '파워 페미니즘'이라는 개념도 있어서는 안 된다.

페미니즘 운동이 선명한 뜻을 상실했기 때문에 페미니즘 정치는 그 기세를 잃고 있다. 그러나 우리에겐 그러한 뜻이 있다. 그것을 되살리자. 널리 알리자. 새롭게 시작하자. 페미니즘이 무엇인지 세상에 제대로 전하자. 티셔츠를 입고 자동차 범퍼에 스티커를 붙이자. 엽서를 쓰고 힙합음악으로 만들자. 텔레비전과 라디오 광고며 곳곳에 자리한 광고판으로 페미니즘을 알리자. 갖가지 인쇄물로 페미니즘을 전파하자. 이로써 페미니즘이 성차별주의적인 억압을 종식하려는 운동이라는 메시지를 간명하면서도 강력하게 이 세상에 알릴 수 있다. 거기서부터 시작하자. 이 운동에 다시 불을 붙이자.

2장

/

# 의식화
## 꾸준한 회심回心

페미니스트는 태어나는 것이 아니라 만들어진다. 여자로 태어났다고 해서 덮어놓고 페미니즘 정치를 옹호하는 건 아니다. 정치적 입장이 으레 그렇듯이 페미니즘 신봉자도 선택과 행동으로 페미니즘 정치를 택한다. 성차별주의와 남성중심주의에 대해 이야기 나누기 위해 처음으로 모임을 조직했을 당시 여성들은, 여성도 남성처럼 성차별주의적인 사고와 가치를 믿도록 사회화되었다는 것, 그리고 남녀 간에 차이가 있다면 여성보다 남성이 성차별주의 때문에 더 많은 혜택을 보고 그렇기에 가부장제로 인한 특권을 쉽사리 포기하려들지 않으리라는 사실을 똑똑히 인식하고 있었다. 여성들은 가부장제에 앞서 우리 자신부터 바꿔야 했다. 우리 자신부터 의식화해야 했다.

혁명적 페미니즘의 의식화 교육에서는 지배체계로서의 가부장제에 대해 꼭 배워야 한다고 강조했다. 다시 말해, 가부장제가 어떻게 일상화되었으며 어떻게 유지되고 영구화되는지 알아야 한다고 했다. 남성중심주의와 성차별주의가 일상에서 어떻게 표출되는지를 이해하면 우리 여성들이 어떻게 희생되고, 착취당하고, 더 나쁜 경우 학대받는지에 대한 의식을 일깨울 수 있다. 현대 페미니즘 운동 초기에 조직된 의식화 모임에서 여성들은 희생자가 되는 상황에 대해 억눌렸던 적대감과 분노를 표출하곤 했고 중재와 변화를 위한 전략을 세우는 일은 거의 또는 전혀 할 수가 없었다. 상처받고 착취당하는 수많은 여성들에게 의식화 모임은 기초 수준에서의 심리치료 과정이었다. 그곳에서 그들은 아무에게도 내보이지 않았던 내밀하고도 깊은 상처를 터놓고 드러냈다. 이런 고백은 마치 치유 의식 같았다. 여성들은 의식화되면서 일터와 가정에서 가부장제 폭력에 맞설 힘을 얻었다.

여기서 주목해야 할 점은, 이 일로 여성들이 자신의 성차별주의적 사고를 되돌아보게 되었고, 그 결과 페미니즘적 사고로 전환하고 페미니즘 정치에 전념함으로써 우리의 태도와 믿음을 바꿀 수 있는 전략을 세워 의식화의 토대를 만들었다는 사실이다. 근본적으로 의식화 모임은 사고 전환의 장이었다. 대중적인 페미니즘 운동을 만들기 위해서는 여성들을 조직화해야 했다. (빌리거나 공짜로 제공받거나 해야 하는 공공장소보다) 대개 누군가의 집에서 열린 의식화 모임은 만남의 장소였다. 여기서 노련한 페미니즘 사상가들과 활동가들이 새로운 개심자들을 모집하기도 했다.

무엇보다 의식화 모임에서는 소통과 대화를 중요 의제로 여겼다. 여러 모임에서 모두의 목소리를 존중한다는 방침을 세웠다. 여성들은 순서를 정해 발언함으로써 모두가 목소리를 내게 했다. 위계 없는 토론 모델을 만들기 위해 참석자 모두에게 적극적으로 발언 기회가 주어졌지만 그 때문에 대화가 맥락 없이 이뤄지는 경우도 잦았다. 그럼에도 불구하고 대부분의 경우 보통 모든 참가자가 적어도 한 번씩 발언한 뒤 토론과 논쟁이 이어졌다. 의식화 모임에서 논쟁은 흔했는데, 이는 남성중심주의의 본질에 대해 집단 차원에서 명료하게 이해하기 위해서였다. 오로지 토론과 의견 충돌을 통해서만 젠더 착취와 억압에 대한 현실적인 관점을 모색할 수 있었다.

참석자들끼리 서로 잘 아는(그들은 직장 동료 혹은 친구 사이였을 것이다) 소규모 모임에서 페미니즘적 사고가 처음 그 모습을 드러냈는데, 이를 더 광범위하게 전파하고자 문서화하고 이론화하는 과정에서 의식화 모임은 와해되었다. 여성학이 학문으로 정립되자 여성들이 페미니즘 사상과 이론에 대해 배울 수 있는 또다른 통로가 생겨났다. 여성학 수업이 대학에 개설되도록 앞장선 여성들은 대부분 민권운동과 동성애자 인권운동, 초기 페미니즘 운동에 나섰던 급진적 활동가들이었다. 그들은 대부분 박사학위가 없었는데, 그 말인즉 그들이 다른 학과의 동료들보다 더 낮은 임금과 더 긴 노동시간을 감수하며 학교로 들어왔다는 뜻이다. 여성학을 정식 학문으로 공식화하려는 움직임에 젊은 대학원생들이 합류했을 즈음, 우리는 더 높은 학위를 따는 게 중요하다는 사실을 인지하고 있었다. 우리 대부분은 여성학 연구에 매진하는 게 페미니즘 정치를 위한 실천이라고 생각했다. 페미니즘 운동을 위한 학문적 기틀만 다질 수 있다면 언제든지 희생할 각오가 되어 있었다.

1970년대 후반, 여성학은 어엿한 정식 학과로 자리잡아갔다. 이러한 승리는 여성학 제도화의 길을 닦은 여성들이 대부분 박사가 아니라 석사라는 이유로 해고됨으로써 무색해졌다. 우리 중 일부는 박사학위를 따기 위해 학교로 돌아갔지만 가장 명석하고 뛰어났던 사람들은 끝내 그러지 않았다. 상아탑에 몹시 환멸을 느끼기도 했거니와 과로로 탈진하기도 했고 여성학을 든든하게 받쳐주었던 급진적인 정치가 진보적 개혁주의로 대체된 것에 실망하고 분노했기 때문이다. 얼마 가지 않아 여성학 강의실이 누구나 참가할 수 있는 의식화 모임을 대체했다. 전업주부나 서비스업 종사자, 일류 전문직 여성처럼 각양각색의 여성들이 광범위한 의식화 모임에 참석했던 시절과 달리 학계는 예나 지금이나 계급 특권의 장이다. 반드시 현대 페미니즘 운동을 이끌었던 급진적 지도자들이라고 할 수 없는데도 수적으로 다수였던 중산층 백인 여성들이 자주 유명세를 탔는데, 대중매체가 투쟁의 대변자로 그들에게 초점을 맞추었기 때문이다. 혁명적 페미니즘 의식을 가진 여성들은 다수가 레즈비언이고 노동자 계급 출신이었는데, 운동이 주류의 관심을 받을 때면 이들은 있어도 보이지 않는 존재로 간주됐다. 여성학이 보수적인 합의기구인 대학에 자리를 틀자 비로소 이런 식의 추방이 완성됐다.

여성학 강의실이 페미니즘 사고로의 전환이 이루어지는 주요 장이자 사회 변혁을 이끌어낼 전략인 의식화 모임을 대체하자, 페미니즘 운동은 대중적 기반을 다질 가능성을 잃고 말았다.

갑자기 자신을 '페미니스트'라고 칭하거나 경제적 지위를 바꾸기 위해 젠더 차별적인 표현을 이용하는 여성들이 점점 더 많아졌다. 여성학이 제도화되자 학계와 출판계에 여러 직업군이 등장했다. 페미니즘이 경력을 쌓는 도구로 변질되면서, 정치적으로 대중적인 페미니즘 투쟁에 참여해본 적 없는 여성들이 자신의 계급 상승에 유리하다면 기꺼이 페미니즘의 입장과 용어를 수용하는 기회주의가 이어졌다. 의식화 모임이 와해되면서 페미니즘의 옹호자가 되려면 페미니즘에 대해 배우고 그에 근거해 페미니즘 정치를 수용할지 말지 선택해야 한다는 의식도 희미해졌다.

의식화 모임으로 여성들 역시 자신만의 성차별주의적 시선으로 다른 여성들을 바라본다는 사실과 대면하게 됐으나 이런 모임이 와해되면서 페미니즘 운동은 직장에서의 평등과 남성중심주의에 대한 저항으로 운동 방향을 전환했다. 여성을 (차별적인 법률을 개정하거나 차별철폐 조처를 통해) 보상받아야 할 젠더 평등의 '피해자'로 해석하는

데 과도하게 초점을 맞추다보니, 여성들이 페미니스트가 되는 과정에서 우선 내면화된 성차별주의부터 직시해야 한다는 주장은 힘을 잃고 말았다. 여성들은 연령을 불문하고 남성중심주의나 젠더 평등에 대해 관심을 갖거나 분노하기만 하면 '페미니스트'가 될 수 있다는 듯이 행동했다. 내면화된 성차별주의를 직시하지 않은 채 페미니즘의 기치를 든 여성들은 다른 여성들과 부딪히는 과정에서 페미니즘을 배반하곤 했다.

1980년대 초가 되자 페미니즘 운동 초기에만 해도 몹시 중요시했던 정치화된 자매애가 희미해졌다. 그도 그럴 것이 여성이라면 정치적 입장에 상관없이 누구나 페미니스트가 될 수 있다고 주장하는 라이프스타일 페미니즘의 그림자가 급진적 페미니즘 정치에 드리워졌기 때문이다. 말할 필요도 없이 이러한 사고방식은 페미니즘 이론과 실천, 페미니즘 정치를 약화시켰다. 페미니즘 운동이 우리 모두를 위해 성차별주의와 그에 근거한 억압과 착취를 종식시키는 대중운동으로 거듭나는 전략들을 끊임없이 강화해가면서 다시 태어날 때, 의식화는 다시 한번 본래의 중요성을 되찾을 것이다. 알코올중독자 모임을 효과적으로 본떠서 페미니즘 의식화 모임이 공동체마다 열린다면,

계급이나 인종, 젠더를 초월해 누구에게나 페미니즘에 담긴 메시지를 전달할 수 있을 것이다. 정체성을 공유하는 특정 집단이 속속 나타나 매월 말이면 각양각색의 사람들이 서로 어울리게 될 것이다.

혁명적 페미니즘 운동에서는 남성의 페미니즘 의식화가 여성의 의식화만큼이나 중요하다. 만약 우리가 연령을 불문하고 모든 남성에게 성차별주의가 무엇이며 이를 어떻게 바꿔나갈 수 있는지 역점을 두고 가르쳤다면 대중매체가 지금처럼 페미니즘 운동을 반남성운동이라고 묘사하지 못했을 것이다. 게다가 반페미니즘을 표방하는 남성들의 운동도 미연에 방지했을 것이다. 정작 성차별주의와 남성중심주의는 제대로 건들지 않았던 현대 페미니즘의 뒤를 좇아 이런저런 남성 단체들이 생겨났다. 여성을 겨냥한 라이프스타일 페미니즘이 그랬듯이, 이런 단체들도 가부장제를 비판하거나 남성중심주의에 저항하기보다는 남성들이 상처를 드러내고 치유하는 공간으로 기능했을 뿐이다. 미래의 페미니즘 운동은 이런 실수를 되풀이해서는 안 된다. 성차별주의에 저항하는 남성들은 누구든 그에 합당한 인정과 존중을 받는 환경이 마련되어야만 한다. 남성과 연대해 투쟁하지 않고서 페미니즘 운동은 전

진할 수 없을 것이다. 우리의 문화적 인식체계에 페미니즘은 곧 반남성운동이라는 억측이 뿌리깊게 박혀 있기 때문에 이를 바로잡기 위해 갖은 노력을 기울여야 한다. 페미니즘은 성차별주의에 반대한다. 남성의 특권을 벗어던지고 페미니즘 정치를 기꺼이 포용한 남성은 투쟁의 소중한 동료이지 페미니즘을 위협하는 존재가 아니다. 반면 여성이라 해도 성차별주의적 사고와 행동에 젖은 채 페미니즘 운동에 잠입한 여성은 운동에 해를 입히는 위험한 존재다. 그런 점에서 의식화 모임이 거둔 가장 강력한 성과는, 모든 여성에게 내면화된 성차별주의, 다시 말해 가부장제적 사고와 행동에 대한 충성과 헌신을 직시하고 페미니스트로 거듭나라고 촉구한 것이다. 이러한 개입은 여전히 필요하다. 페미니즘 정치를 선택한 사람이라면 누구든 이런 단계를 꼭 거쳐야 한다. 외부의 적과 맞서려면 그 전에 내면의 적부터 변화시켜야 한다. 우리를 위협하는 적은 성차별주의적 사고와 행동이다. 여성이 자신의 성차별주의를 직시하지도 바꿔내지도 못한 채 페미니즘 정치의 기치를 내건다면 페미니즘 운동은 끝내 소멸해버릴 것이다.

3장

# 자매애는
# 여전히 강력하다

'자매애는 강력하다'는 구호가 처음 등장했을 때 정말이지 굉장했다. 내가 페미니즘 운동에 본격적으로 뛰어든 건 대학교 2학년에 올라가면서부터였다. 스탠퍼드 대학으로 옮기기 전 1년 동안 여대를 다녔는데, 그 덕분에 여학생들만 있는 강의실과 여남이 섞인 강의실에서 여학생들의 자존감과 자기주장이 어떻게 다른지 경험할 수 있었다. 스탠퍼드에서는 어느 강의실에서든 남학생들이 주도권을 잡았다. 여학생들은 발언도 잘 하지 않았고 학습을 주도하는 경우도 별로 없었던 데다 발표를 해도 종종 뭐라고 하는지 잘 들리지 않을 정도로 작게 말했다. 그들의 목소리에는 패기와 자신감이 없었다. 설상가상으로 남자 교수들은 수시로 여학생이 남학생보다 지적 능력이 떨어지므로 '위대한' 사상가나 작가 등이 될 리 없다고 말했다. 앞서 다녔던 여대에서는 대부분이 여자인 교수진이 학생들과 그들 자신을 위해 세워놓은 학업 성취도 기준에 따라 학생들의 지적 능력과 가치를 지속적으로 독려해줬기에 그런 분위기가 몹시 충격적이었다.

사실 나는 가장 좋아했던 백인 여성 영문학 교수님에게 큰 은혜를 입었다. 그녀는 우리 학교에는 글쓰기 심화 프로그램이 없어서 내가 적절한 지도를 받지 못할 것이라고 판단했고, 내가 스탠퍼드 대학으로 옮겨 공부하게끔 격려해주었다. 그녀는 내가 언젠가는 뛰어난 사상가이자 작가가 되리라 믿어주었다. 스탠퍼드에 오자 사람들이 계속해서 내 능력에 의문을 제기했고, 나조차도 스스로를 믿지 못하는 상태에 이르렀다. 그리고 얼마 뒤 페미니즘 운동이 캠퍼스를 뒤흔들었다. 여학생들과 여자 교수들은 강의실 안팎에서 일어나는 젠더 차별을 철폐하자고 주장했다. 우아, 지금 생각해도 치열하고도 근사한 시절이었다. 그때 나는 작가 틸리 올슨*에게서 생애 최초로 여성학 수업을 들었다. 틸리 올슨은 무엇보다 학생들이 노동자 계급 여성들의 운명을 우선적으로 생각해보게끔 이끌었다. 당시 학자였고 훗날 앤 섹스턴**의 전기를 쓴 다이앤 미들브룩***은 현대시 수업시간에 내가 쓴 시 한 편을 누가 썼는지 적지 않은 채 모두에게 나눠주었다. 그러고는 학생들에게 지은이가 남자인지 여자인지 맞혀보라고 했다. 성별을 근거로 작품의 가치를 판단하는 태도를 비판적으로 생각해보게 하는 시도였다. 그때 열아홉 살인 나는 첫 책 『나는 여자가 아닌가요─흑인 여성과 페미니즘』을 쓰기 시작했다. 이런 놀라운 변화들은 여성들이 연대할 수 있는 토대를 마련한 페미니즘 운동이 없었더라면 절대 일어나지 않았을 것이다.

그 토대는 당시 우리가 "내부의 적"이라 불렀던 내면화된 성차별주의에 대한 자발적인 비판 위에 세워졌다. 우리 모두가 가부장제적 사고 때문에 여성이 남성보다 열등하다고 여기고, 가부장제에서 인정받기 위해 언제나 여성

---

* Tillie Olsen, 1912~2007. 1세대 미국 페미니스트이자 작가.

** Anne Sexton, 1928~1974. 풀리처상을 수상한 미국의 여성 시인으로 정신질환을 앓다가 자살로 생을 마감했다.

*** Diane Middlebrook, 1939~2007. 스탠퍼드대에서 오랫동안 여성학을 가르친 여성 전기 작가이자 시인.

들끼리 서로 경쟁해야 하고, 서로를 질투심과 공포, 증오
에 찬 시선으로 바라보도록 사회화되어왔다는 사실을 누
구보다 잘 알았다. 성차별주의적 사고 탓에 우리는 서로
의 처지를 공감하기보다 서로를 가혹하게 벌주려 했다.
그러나 페미니즘은 우리 여성들이 자기혐오를 떨칠 수 있
도록 해주었다. 우리 의식을 단단하게 얽어매던 가부장제
의 속박에서 해방될 수 있도록 해주었다.

　가부장제 문화에서 남성들의 유대는 인정과 지지를 받
는다. 사람들은 남성들이 집단을 만들면 단결하고, 서로
지지하고, 협력하고, 개인적인 성취와 인정보다는 자신이
속한 집단의 이익을 우선시한다고 아주 당연시해버린다.
하지만 가부장제에서 여성들의 유대는 불가능했다. 그런
행동 자체가 반역 행위였다. 페미니즘 운동은 여성들의
유대가 가능한 환경을 만들었다. 우리는 남성들과 싸우기
위해서가 아니라 여성으로서의 권익을 지키기 위해 모여
들었다. 우리가 여성 작가의 작품을 가르치지 않는 교수
들에 맞선 것은, 그 교수가 싫어서가 아니라 (물론 그런 경
우가 많았지만) 강의실과 커리큘럼에 만연한 젠더에 대한
편견을 제대로 몰아내고 싶어서였다.

　1970년대 초반, 남녀공학 대학에서 학생들이 페미니스

트로 변모했듯이 일터와 가정에서도 페미니스트들이 생겨났다. 무엇보다도 페미니즘 운동은 여성에게 더이상 자신과 자신의 몸을 남자의 소유물로 인식하지 말라고 강조했다. 우리의 섹슈얼리티에 대한 결정권과 효과적인 피임, 임신선택권, 강간과 성희롱의 근절을 요구하기 위해 우리는 단결해야 했다. 여성이 겪는 고용차별의 현실을 개선하기 위해 집단적으로 로비 활동을 벌여 공공정책을 개선해야 했다. 여성의 내면화된 성차별주의적 사고를 끄집어내 이를 뜯어고치는 것이 궁극적으로 온 나라를 뒤흔들 강력한 자매애를 만들기 위한 첫걸음이었다.

혁명적 민권운동의 뒤를 이어 1970년대와 80년대에 일어난 페미니즘 운동은 이 나라의 얼굴을 바꾸었다. 이런 변화를 가능케 했던 페미니즘 활동가들은 모든 여성의 복지에 관심을 쏟았다. 자매애로 드러난 여성들의 정치적 연대가 여성의 경험을 긍정하는 데 그치지 않고 공동의 고통에 대한 연민을 나누기까지 한다는 사실을 우리는 잘 알았다. 페미니스트들의 자매애는 어떤 형태든지 가부장제로 인한 모든 불의에 대항해 투쟁했던 경험을 공유하며 다져졌다. 여성들의 정치적 연대는 항상 성차별주의를 약화시키고 가부장제를 전복시킬 판을 짠다. 여성들이 종속적인 지위의 여성들을 지배하고 착취하는 권력을 스스로 기꺼이 벗어던지지 않았더라면, 인종과 계급의 경계를 넘어 모두를 아우르는 자매애는 불가능했다는 사실을 명심해야 한다. 여성들이 다른 여성들을 지배하기 위해 계급이나 인종적 특권을 이용하는 한, 페미니즘의 자매애는 완전히 실현되지 못한다.

1980년대 들어 내면화된 성차별주의를 벗어던지게 하는 페미니즘 의식화를 거치지 않은 채 기회주의적으로 페미니스트임을 자임하는 여성들이 점점 늘어나 강자가 약자를 지배해야 한다는 가부장제의 명제가 그들과 다른 여성들과의 관계에도 영향을 미치기 시작했다. 특히 원래 참정권이 없었으나 이제는 특권을 손에 쥔 백인 여성들이, 내면화된 성차별주의를 버리지 않은 채 계급 권력을 얻자 여성들 간의 분열이 심화되었다. 유색인종 여성들이 사회 전반에 만연한 인종차별주의를 비판하고 인종차별주의가 어떻게 페미니즘 이론과 실천의 틀을 짜고 거기에 영향을 미치는지에 주목하자고 호소할 때, 수많은 백인 여성들은 머리와 가슴의 문을 걸어닫고 자매애라는 이상으로부터 매몰차게 등을 돌렸다. 그리고 여성들 사이의 계급 갈등 문제에 있어서도 상황은 마찬가지였다.

거의가 계급 특권을 지닌 백인 여성들의 토론이긴 했으나 페미니스트들이 소외 계층 여성의 예속화와 인간성 말살에 동참하지 않겠다며 가사도우미를 고용하는 것이 옳은지 그른지 토론하던 모습이 지금도 생생하다. 물론 그 중 일부는 피고용인들과 긍정적인 유대관계를 형성해, 더 큰 맥락에서 보자면 여전히 불평등하긴 하나 서로에게 도움을 주는 관계를 만들었다. 어차피 유토피아에 도달할 수 없기에 자매애를 포기하기보다는 모두의 이해관계를 고려한, 현실적인 자매애를 창안한 것이다. 이것이 바로 여성들 사이에서 맺어진 페미니스트 연대가 어렵게 이뤄낸 결과였다. 안타깝게도, 페미니즘 운동 내부에서 기회주의가 팽배할수록, 페미니스트들이 거둔 결실을 대단찮게 여기고 그 성과를 당연시할수록 이런 연대의 형성과 지속을 위해 열심히 고민하는 여성들이 점점 줄어들었다.

수많은 여성들이 자매애의 신념을 간단히 포기했다. 한때 가부장제를 비난하고 이에 저항했던 여성들이 성차별주의자 남성들과 다시 결탁했다. 급진적 성향의 여성들은 여성들 사이에서 벌어지는 치열하고 적대적인 경쟁에 배신감을 느껴 순순히 물러서기도 했다. 그리고 이 시점에서 모든 여성의 삶을 긍정적으로 변화시키겠다는 목적을 지녔던 페미니즘 운동은 점점 계층화되었다. 운동의 구호로 외쳤던 자매애는 여성들에게 점점 중요치 않아졌다. 긍정적인 변화를 이끌어낸 힘이었던 여성들의 정치적 연대는 그후로 지금까지도 힘을 잃고 위태로워지고 있다. 그러므로 우리는 현대 페미니즘 운동이 처음 시작됐을 때처럼 다시 한번 여성들의 정치적 연대에 힘을 기울여야한다.

현대 페미니즘 운동 초기에, 우리는 정치적 연대를 실현하려면 실질적으로 어떤 노력을 기울여야 하는지 구체적인 방안을 전혀 파악하지 못한 채 자매애라는 비전만 가지고 있었다. 경험과 노고는 물론이고, 실패와 실수에서 얻은 교훈들을 통해 이제 우리는 페미니즘 정치에 발을 갓 들인 입문자들에게 우리의 연대를 만들고, 유지하고, 지키기 위해 무엇을 해야 하는지 알려줄 수 있는 이론과 공유된 실천 사례를 갖고 있다. 수많은 젊은 여성들이 페미니즘을 잘 모르는 데다, 성차별주의를 더이상 문제시하지 않는 그릇된 인식 또한 널리 퍼져 있기에 비판 의식을 키우는 페미니즘 교육이 지속되어야만 한다. 페미니즘 이론가들은 어린 여성들이 자라면서 저절로 페미니즘에 대한 지식을 습득할 것이라고 지레짐작해서는 안 된다.

그들에겐 길잡이가 필요하다. 이 사회의 여성들 대부분이 자매애의 가치와 힘을 망각하고 있다. 새롭게 거듭난 페미니즘 운동은 다시금 '자매애는 강력하다'는 기치를 높이 들어야 한다.

여성들 중에서도 급진적인 세력들은 자매애의 결속을 다지고 여성들의 페미니즘 정치 연대를 지속적으로 현실화하기 위해 노력을 기울이고 있다. 우리는 인종과 계급의 벽을 넘어 단결하기 위한 작업을 이어가고 있다. 우리는 여성들이 서로를 지배하지 않아도 자아실현을 이루고 성공할 수 있는 세상이 되도록 성차별주의에 반대하는 이론과 실천을 계속해서 정립하고 있다. 그리고 다행스럽게도 우리는 매일매일 일상에서 자매애가 완전히 실현 가능한 것이며 여전히 강력하다는 사실을 실감하고 있다.

4장

# 비판 의식을
# 키우기 위한
# 페미니즘 교육

여성학 강의가 개설되기 전이나 페미니즘 문학이 등장하기 전, 여성들은 개별적으로 모임을 꾸려 페미니즘을 공부했다. 이런 모임에서 여성들은 성차별주의에 대한 분석과 가부장제에 저항할 수 있는 전략, 그리고 사회적 상호작용에 대한 새로운 모델을 아우르는 페미니즘 이론을 처음으로 만들었다. 살면서 우리가 하는 모든 행동은 전부 이론에 뿌리를 두고 있다. 우리가 왜 특정한 관점을 갖거나 특정한 행위를 하는지 의식적으로 탐구하든 말든, 사고와 실천을 형성하는 체계는 언제나 그 저변에 놓여 있다. 페미니즘 이론은 처음부터 성차별주의적 사고가 어떻게 작용하고 거기에 어떻게 대응해 변화를 이끌어낼지 여남 모두에게 설명하는 것을 최우선 과제로 삼 았다.

그 시절 우리는 부모와 사회에 의해 성차별주의적 사고 를 받아들이도록 사회화되었다. 우리는 대개 우리 인식의 기반에 대해 시간을 들여 차분하게 고민해보지 않았다. 페미니즘 사상과 이론 덕분에 우리는 그래야 한다는 사실 을 깨달았다. 처음에 페미니즘 이론은 구전되거나 조잡하 게 만든 소식지와 소책자로 전파되었다. (여성들이 쓰고, 인쇄하고, 마케팅을 비롯해 모든 단계에서 제작에 관여하는) 여성 출판이 점점 발전하면서 페미니즘 사상을 전파할 수 있는 장이 마련되었다. 1970년대에 쓴 첫 책 『나는 여자 가 아닌가요―흑인 여성과 페미니즘』을 1981년에 출간 했는데, 책을 펴낸 사우스엔드프레스 출판사는 소규모 사 회주의 단체로 구성원의 최소한 절반이 여성 페미니스트 들이었으며 남성 구성원들도 모두 성차별주의에 반대하 는 곳이었다.

여성의 역사를 복원하라고 강하게 요구하면서 동시에 페미니즘 문학을 쏟아낸 공이야말로 현대 페미니즘이 거 둔 가장 강력하고 성공적인 성과였다. 젠더 차별의 결과, 문학이든 학술이든 어느 분야에서든 여성이 쓴 글은 역사적으로 거의 혹은 아예 관심을 받지 못했다. 다행스럽게도 페미니즘 운동으로 커리큘럼에 편견이 작용한다는 사실이 드러나자 사람들의 기억에서 사라졌거나 무시되었던 작품들이 상당수 재발견되었다. 대학에 여성학 강의가 신설되면서 여성 작가들의 작품을 학문적으로 연구할 제도적 정당성도 갖춰졌다. 흑인문화 연구에 이어 생겨난 여성학은 편견 없이 젠더와 여성에 대해 배우고 연구할 수 있는 장이 되었다.

흔히 여성학 강의에서 교수들이 남성 작가의 작품을 쓰레기 취급한다는 고정관념과는 달리, 예나 지금이나 그런 일은 없다. 설령 여성들의 작품이 남성들의 작품보다 엄청나게 뛰어나지 않은 경우가 더러 있더라도, 남성들의 작품만큼이나 뛰어나고 재미있는 작품이 많다는 사실을 보여줌으로써 성차별주의적인 사고에 개입할 뿐이다. 남자가 쓴 소위 위대한 문학이 비판의 대상이 되는 때는, 미학적 가치를 따지는 과정에서 작품에 편견이 가득하다는 사실을 알게 될 때뿐이다. 내가 들은 그 어떤 여성학 강의에서도 남성 작가의 작품이 별 볼 일 없다거나 엉뚱한 소리라는 식으로 평가절하한 적이 없었고 그런 강의가 존재한다는 이야기도 들어본 적이 없다. 페미니스트들은 남성 작가로만 채워진 학술이나 문학의 정전에 대해 비판하면서 젠더에 근거한 편견들을 폭로할 뿐이다. 무엇보다 이러한 폭로는 여성 작가들의 작품을 재조명할 여지를 만들고 여성이 쓴 작품과 여성에 대해 쓴 작품이 새로이 등장할 이 시대의 무대를 만든다는 점에서 중요하다.

여성학이 제도 학문으로 자리를 잡자 페미니즘 운동에 가속이 붙었다. 전국 강의실에서 젊은 지성들이 페미니즘 사상을 배우고 이론서를 읽고 자신들의 연구에 페미니즘을 적용할 수 있게 되었다. 대학원 시절 논문을 준비할 때, 페미니즘의 영향을 받았던 나는 당시에는 널리 읽히지 않던 흑인 여성 작가 토니 모리슨*에 대해 쓰기로 정했다. 페미니즘 운동 전에는 흑인 여성 작가의 문학작품에 대한 진지한 연구는 찾기 어려웠다. 앨리스 워커**는 명성을 얻고 난 후부터 조라 닐 허스턴***의 작품을 복권하는

---

* Toni Morrison, 1931~ . 흑인 여성 작가 최초로 노벨문학상을 수상한 미국 작가.

** Alice Walker, 1944~ . 『컬러 퍼플』로 흑인 여성 작가 최초로 퓰리처상과 전미도서상을 수상했으며, 흑인민권운동에 참여했던 인권운동가이자 페미니스트다.

*** Zora Neale Hurston, 1891~1960. 미국의 흑인 여성 문인이자 인류학자로 대표작으로는 『그들의 눈은 신을 보고 있었다』가 있다.

작업에 참가했는데, 얼마 지나지 않아 허스턴은 미국 문학계에서 가장 뛰어난 흑인 여성 작가로 등극했다. 페미니즘 운동은 여성들이 거둔 학문적 성과에 대한 존중, 과거에 쓰인 그리고 현재 쓰이는 여성 저작물에 대한 인정, 그리고 커리큘럼과 교육학에 자리한 젠더에 따른 편견을 철폐하라고 요구함으로써 혁명을 일으켰다.

여성학이 제도화되자 페미니즘에 대한 지식이 널리 퍼졌다. 여성학은 열린 사고를 지속적으로 제공함으로써 페미니스트로 거듭날 수 있는 합법적인 장소로 자리했다. 여성학 수강생들은 거기에서 뭔가를 배우고자 했다. 그들은 페미니즘 사상에 대해 더 많이 알고 싶어했다. 우리 중 많은 학생들이 정치적으로 각성한 곳도 바로 여성학 강의실이었다. 가부장제적 가정에서 자란 나는 남성중심주의에 맞서다보니 부지불식간에 페미니즘 사상에 눈을 뜨게 되었다. 하지만 단지 착취나 억압 체계의 피해자가 되거나 거기에 저항한다고 해서 왜 그런 일이 일어났는지 혹은 이를 어떻게 바꿀 수 있는지 알게 되는 것은 아니다. 나는 대학에 입학하기 한참 전에 페미니즘 정치를 신념으로 받아들였지만 페미니즘 강의실에서 비로소 페미니즘 사상과 이론을 배울 수 있었다. 또한 그곳에서 비판적으

로 사고하고 흑인 여성으로서의 경험을 글로 쓰라는 격려
도 받았다.

페미니즘 사상과 이론은 1970년대 전반에 걸쳐 죽 생
산돼왔다. 그리고 이는 여성들이 끊임없이 다양한 발상에
대해 대화를 나누고 패러다임을 검증하고 다시 고쳐왔다
는 점에서 공동작이었다. 일례로 흑인과 유색인종 여성
들이 페미니즘 사상을 형성하는 요소 중 하나로 인종에
대한 편견을 문제삼았을 때, 특권 계급 여성들은 자신들
이 진짜 여성의 경험이라고 믿었던 것들에 결함이 있을
수 있다는 개념을 접하고 일단 이를 부정했다. 하지만 시
간이 흐르면서 페미니즘 이론은 변화했다. 많은 백인 여
성 사상가들이 재고의 여지 없이 자신이 가진 편견을 인
정했지만, 여전히 이는 대단한 변동이었다. 1980년대 후
반에 이르자 거의 모든 페미니즘 분과들이 인종과 계급의
차이에 대한 인식을 이론에 반영하게 되었다. 페미니즘
운동과 페미니스트 연대에 진심으로 전념해온 여성 연구
자들은 여성이 처한 현실을 분석하는 이론을 생산하는 데
열정을 쏟았다.

여성학이 제도 학문으로 인정받은 일은 페미니즘 사상
의 발전에 중요한 역할을 했지만, 이 과정에서 새로운 문

제점들이 생겨났다. 이론과 실천에서 직접적으로 출현한 페미니즘 사상은 배타적인 전문용어를 만들어내는 메타언어적인 이론에 밀려 갑작스럽게 사람들의 관심에서 멀어졌다. 이론은 오로지 학계 사람들을 위해서만 쓰였다. 일군의 페미니즘 사상가들이 특정 집단에 '속한' 사람들만 이해할 수 있는 이론을 쓰는 엘리트 집단을 만들려고 똘똘 뭉친 것처럼 보였다.

학계 밖 여성과 남성들은 더이상 중요한 청중으로 여겨지지 않았다. 페미니즘 사상과 이론은 더이상 페미니즘 운동과 이어지지 않았다. 학계에서의 정치와 출세지상주의가 페미니즘 정치에 그늘을 드리웠다. 페미니즘 이론이 학계라는 게토에 안주하면서 그 외부와의 연결고리는 약해졌다. 학계에서는 예나 지금이나 연구가 진행되고 있으며 때로 통찰력이 담긴 결과물이 나타나기도 하나 이러한 통찰은 대중에게 거의 알려지지 않는다. 그 결과 페미니즘 사상이 학문으로 고착되어 탈정치화가 진행되면서 페미니즘 운동이 약화하였다. 급진성을 상실한 페미니즘 운동은 젠더에 초점을 맞춘다는 것 말고는 여느 분과 학문과 다를 바가 없어진 듯하다.

사람들에게 지식을 전달하고, 페미니즘 사상과 페미니

즘 정치에 대한 이해를 돕는 글은 다양한 문체와 형식으로 쓰여야 한다. 특히 청년문화를 다루는 글이 필요하다. 그러나 학계에서 이런 글을 쓰는 사람은 아무도 없다. 젠더 정의를 위한 투쟁이 만들어낸 변화를 보수주의자들이 다시 되돌리려고 기를 쓰는 바람에 이미 대학에서 여성학 강좌가 위기에 처해 있긴 하나 포기할 것이 아니라 오히려 지역 공동체를 기반으로 페미니즘 공부 모임을 시작해야 한다. (전도하는 종교인들처럼) 집집마다 찾아다니며 자료를 나눠주고 시간을 들여서 페미니즘이 대체 무엇인지 설명하는 대중적인 페미니즘 운동을 상상해보라.

페미니즘 운동이 정점에 달했을 때, 성차별주의적 시각을 담은 어린이 책들이 도마 위에 올랐다. 사람들은 '편견에서 해방된' 어린이 책을 썼다. 그러나 우리가 비판적인 시선으로 경계하기를 늦추자 성차별주의가 다시금 고개를 쳐들었다. 아이들은 신념과 정체성이 아직 형성되는 과정이므로 어린이 문학은 비판 의식을 키우기 위한 페미니즘 교육에서 가장 결정적인 부분을 차지한다. 그리고 대개 아이들은 놀이터에서 젠더에 대한 편협한 사고를 일상적으로 접하게 된다. 페미니즘 활동가들은 어린이를 대상으로 하는 공교육 분야에서 편견이 배제된 커리큘럼이 사용될 수 있도록 지속적으로 노력해야 한다.

　미래의 페미니즘 운동은 반드시 페미니즘 교육을 모두의 삶을 구성하는 중요한 요소로 인식해야 한다. 스스로의 힘으로 부를 축적했든지 투쟁의 동맹자인 부유한 남성들에게 기부를 받았든지 간에, 경제적으로 여유가 있는 여성 페미니스트들이 생겨났다. 그러나 소녀 소년과 성인 여남을 위해 페미니즘 원칙에 입각한 학교는 단 한 곳도 설립되지 못했다. 모두에게 페미니즘을 가르치는 대중 기반의 교육운동을 일구는 데 실패했기에 우리는 가부장제 주류 대중매체가 페미니즘을 전파하는 모습을, 그것도 대개 부정적으로 전파하는 모습을 지켜볼 수밖에 없었다. 페미니즘 사상과 이론을 모두에게 가르친다는 말은 우리가 학제를 넘어서고 심지어 문자 언어마저 넘어서야 한다는 뜻이다. 시중에 나온 페미니즘 관련서도 읽기 버거워하는 사람들이 많다. 오디오북과 노래, 라디오, 텔레비전 모두가 페미니즘에 대한 지식을 퍼뜨리기 위한 수단이다. 또한 우리에게는 단순히 여성 시청자를 대상으로 하는 방송망이 아닌, 페미니즘 텔레비전 방송망도 필요하다. 페미니즘 텔레비전 방송망을 만들기 위한 기금을 모으는 과정은 페미니즘 사상이 전 세계로 퍼져나가는 데 일조할 수 있다. 그런 방송망을 소유할 수 없다면 기존 방송망에서 시간대를 살 수도 있다. 잡지 『미즈*Ms*』의 경우 오랫동안 성차별주의자인 남성들이 일부 소유했으나 지금은 페미니즘에 깊이 헌신하는 여성들이 소유하고 있다. 이것이 올바른 방향을 향한 한 걸음이다.

여성이든 남성이든 모두에게 페미니즘 교육을 제공하는 대중운동을 조직하지 않으면 페미니즘 이론과 실천은 주류 언론이 만들어낸 부정적인 정보로 인해 늘 힘을 잃고 말 것이다. 페미니즘 운동이 우리 삶에 어떤 긍정적인 기여를 했는지 직접 나서서 널리 홍보하지 않는다면 이 나라의 시민들은 페미니즘이 어떤 결실을 거두었는지 모를 것이다. 페미니즘을 부정적으로 그리는 지배의 문화가 페미니즘이 공동체와 사회 복지에 건설적으로 기여한 공을 가로채기도 한다. 대부분의 사람들은 페미니즘이 우리 삶을 긍정적으로 변화시킨 무수히 많은 것들에 대해 전혀 알지 못한다. 페미니즘 사상과 실천을 공유해야 페미니즘 운동을 이어나갈 수 있다. 페미니즘 지식은 모두를 위한 것이다.

5장

# 우리의 몸, 우리 자신

## 임신선택권

현대 페미니즘 운동이 시작되었을 무렵 운동과 가장 밀접한 관계가 있다고 여겨졌던 이슈들은 (대부분 물질적으로도 풍요로웠던) 고학력 백인 여성의 경험과 직결되어 있었다. 페미니즘 운동이 민권운동과 성해방운동에 뒤이어 출현했기 때문에 그 당시에는 여성의 몸을 둘러싼 문제들을 중요시하는 게 타당해 보였다. 대중매체는 미스 아메리카 선발대회에서 브래지어를 불태우는 여성들부터 임신중단을 요구하는 여성들로 이어지는 이미지가 페미니즘 운동이라는 인식을 온 세상에 퍼뜨렸지만 이런 이미지와 반대로 페미니즘 운동을 촉진한 첫번째 이슈는 바로 섹슈얼리티 문제였다. 다시 말해 여성이 언제 그리고 누구와 섹스할지 선택할 수 있는 권리에 대한 문제였다. 여성의 몸에 대한 성적 착취 문제는 사회주의운동이든 민권운동이든 사회정의를 위해 싸우는 급진적인 운동의 내부에서도 흔하게 발생했다.

이른바 성혁명이 정점에 달했을 때 자유연애(보통은 원하는 상대와 원하는 만큼 섹스한다는 뜻이었다)라는 이슈로 여성들은 원치 않은 임신 문제를 정면으로 바라보게 되었다. 자유연애를 둘러싼 젠더 평등에 대해 논하기에 앞서 여성은 피임과 임신중단을 안전하고 효과적으로 할 수 있어야만 했다. 계급 특권을 지닌 백인 여성들이야 대개 이 두 가지 보호장치를 모두 누렸지만, 대다수 여성은 그렇지 못했다. 계급 특권을 지닌 여성들 중에도 원치 않은 임신을 너무나 수치스러워한 나머지 신뢰할 만한 의료 서비스를 직접 활용하지 않는 경우도 잦았다. 1960년대 후반에서 1970년대 초 사이에 임신중단권을 요구했던 여성들은 불법적인 수술로 인한 비극이나 원치 않은 임신 때문에 어쩔 수 없이 결혼하는 재앙을 목격한 이들이었다. 우리 중 많은 이가 느닷없고 원치 않은 임신 때문에 삶이 바뀌어버린, 재능 있고 창조적인 여성들의 예기치 않은 아이다. 우리는 비통해하고, 분노하고, 자신의 운명에 낙담하는 그녀들의 모습을 똑똑히 지켜보았다. 이에 우리는 더 안전하고 효과적인 피임을 할 수 없다면, 안전하고 합법적으로 임신을 중단할 권리가 없다면 여성과 남성에게 진정한 의미의 성해방은 불가능하다는 사실을 명확히 알게 됐다.

돌이켜보면, 임신선택권보다 임신중단권을 강조했다는 것 자체가 이 운동의 최전선에 선 여자들이 가진 전반적인 계급적 편견을 여실히 보여준다. 임신중단 문제는 예나 지금이나 모든 여자들과 관계된 문제지만 임신중단 만큼이나 관심을 기울여야 하고 대중에 충격을 줄 만한, 재생산과 관련된 다른 중요한 문제들이 더 있었다. 기본적인 성교육에서부터 산전관리, 여성이 자신의 몸을 제대로 이해하는 데 도움이 될 만한 예방의료 서비스, 강제 불임과 불필요한 제왕절개나 자궁절제, 그에 따르는 합병증까지 다양한 범위에 걸친 문제였다. 계급 특권을 지닌 백인 여성들은 이중에서 원치 않은 임신에 따르는 고통을 가장 시급한 문제로 보았다. 그래서 그들은 임신중단 문제를 부각했다. 그들은 안전하고 합법적인 임신중단 수술이 필요한 유일한 집단이 절대 아니었다. 앞서 지적했다시피 그들은 빈곤층 여성과 노동자 계급 여성들보다는 임신중단 수술을 받을 방법이 훨씬 많았을 것이다. 그 시절 흑인 여성을 비롯한 빈곤층 여성들은 대개 불법시술소를 찾았다. 임신중단 수술을 받을 권리는 '백인 여성들만의' 문제가 아니었다. 임신중단권은 재생산 문제에 있어서 이 나라 여성들이 당면한 유일한 문제도, 최우선시할 문제도 아니었다.

여성의 성해방으로 가는 길을 닦은 공을 따지자면 임신 중단권보다는 안전을 백 퍼센트 보장할 수는 없어도 효과가 뛰어난 피임약 개발이(이는 남성 과학자들이 개발했는데, 이들 중 대부분은 성차별주의자였다) 더 큰 기여를 했다. 내가 십대 후반이었을 무렵 피임약 구입이 처음으로 대중화됐는데, 덕분에 내 또래 여성들은 원치 않은 임신으로 인한 공포와 수치심을 피해갈 수 있었다. 책임감 있는 피임은 나처럼 다른 여성의 선택은 존중하지만 이 문제에 맞닥뜨린 개인이 반드시 임신중단 수술을 할 필요는 없다고 생각하는 많은 여성들을 해방시켰다. 나는 성해방운동이 한창일 때도 원치 않은 임신을 하지 않았지만 내 또래들 중 많은 이가 피임약을 신경써서 철저하게 복용하는 것보다 임신중단 수술을 하는 편이 더 낫다고 봤다. 그래서 피임의 수단으로 임신중단 수술을 택하는 일이 빈번했다.

여성의 피임약 복용은 적극적으로 성관계를 갖기 위한 선택이라고 곧장 받아들여졌다. 남자들은 피임 문제를 좀더 진지하게 고민하는 여자들을 헤픈 여자로 취급했다. 어떤 여자들은 성행위로 일어나는 일들은 그냥 내버려두었다가 훗날 '문제'가 생기면 수술로 해결하는 편이 더 간단하다고 여겼다. 오늘날에는 반복적인 임신중단 수술이나 에스트로겐 수치를 높이는 피임약 장복이나 둘 다 위험을 배제할 수 없다는 사실을 잘 안다. 그러나 여자들은 성적 자유를 위해 다시 말해 선택할 수 있는 권리를 위해 기꺼이 위험을 떠안았다.

임신중단권 문제야말로 기독교 근본주의에 도전장을 던졌기 때문에 대중매체의 관심을 끌었다. 여성은 아이를 낳기 위해 존재한다는 개념에 곧장 반기를 든 것이다. 지금껏 임신중단권만큼 여성의 몸이 국가적인 관심대상이된 적도 없었다. 임신중단권은 교회에 대한 직접적인 도전이었다. 페미니즘 사상가들이 관심을 촉구했던 재생산과 관련한 다른 모든 문제는 대중매체로부터 무시당하기 일쑤였다. 제왕절개와 자궁절제로 인해 발생하는 광범위한 의학적 문제들은 대중매체에게 군침 도는 소재가 아니었다. 정작 페미니즘 사상가들은 여자의 신체를 통제하고 그럼으로 자기들 마음대로 여성의 몸을 다루는 자본주의-가부장제-남성중심주의적 의료계에 주목하기를 촉구했다. 지독히도 보수적이고 대부분 반페미니즘적인 대중매체가 보기에 이런 분야에서 벌어지는 젠더 불평등 문제는 관심을 갖기엔 너무 급진적으로 보였을 것이다.

1960년대 후반에서 1970년대 초반에 활동했던 페미니스트 활동가들은 여성이 임신선택권을 보장받기 위해 1990년대까지도 투쟁해야 하리라고는 상상도 못했다. 당시 활동가들은 페미니즘 운동으로 비교적 안전한 피임약의 사용을 용인하고 안전하고 합법적인 임신중단 수술을 받을 권리를 누릴 수 있는 문화혁명을 일으키면 앞으로 이런 권리가 더이상 문제시되지 않으리라 믿었다. 그러나 조직적이고 급진적인 페미니스트들이 이끌었던 대중을 기반으로 한 정치적 운동이 종말을 고하자, 근본주의자들의 종교 해석을 발판으로 조직된 우익 정치전선에서 반페미니즘 역풍이 몰아닥쳤고 이에 임신중단 문제가 다시 정치적 의제로 떠올랐다. 여성의 자기선택권에 다시 의문이 제기된 것이다.

안타깝게도 임신중단권 반대 세력은 정부가 지원하는 저렴하고, 필요하다면 무상으로 받을 수 있는 임신중단 수술을 맹렬하게 겨냥한다. 그 결과 인종을 불문하고 계급 특권을 가진 모든 여성들은 계속해서 안전한 임신중단권 즉, 자기선택권을 누리지만 빈곤층 여성들은 고통을 겪을 수밖에 없다. 빈곤층 여성과 노동자 계급 여성들은 대부분 임신선택권 관련 의료 서비스에 대한 정부의 지원이 끊기면 임신중단 수술을 받을 길이 사라진다. 돈이 있어야만 이 수술을 받을 수 있게 된대도 계급 특권을 지닌 여성들은 여전히 돈이 있으니 상관없다. 하지만 대다수의 여성들은 그런 계급 권력이 없다. 요즘은 과거 어느 때보다 빈곤층이나 극빈층으로 떨어지는 여성들이 많아졌다. 안전하고, 저렴하고, 때로는 무상인 임신중단 수술을 받지 못하면 그들은 자신의 몸에 대한 통제권을 모두 잃는다. 임신중단 수술이 돈 많은 여성들의 전유물인 세상으로 되돌아간다면 임신중단권을 불법으로 규정하려는 공공정책도 귀환할지 모른다. 이미 보수 성향을 지닌 여러 주에서는 이런 일이 일어나고 있다. 계급에 상관없이 여성이라면 누구나 안전하고, 합법적이고, 합리적인 비용으로 계속 임신중단 수술을 받을 수 있어야 한다.

임신중단을 할지 말지에 대한 여성의 선택권은 임신선택권의 여러 측면 중 하나일 뿐이다. 임신선택권의 여러 측면 중 무엇이 가장 중요한지는 개개인의 연령과 삶의 조건에 따라 바뀌기 마련이다. 성욕이 왕성한 이삼십대 여성은 언제든 원치 않은 임신에 직면할 수 있으니 피임약만으로는 안심할 수 없다는 사실을 실감할 테고 그 때문에 합법적이고 안전하고 저렴한 임신중단 수술을 받을 권리를 임신선택권과 관련된 문제 중 가장 중요시할 수 있다. 하지만 여성이 완경完經을 하면 의사들에게 자궁절제를 권유받기도 하는데 그러면 임신선택권과 관련해 이 문제가 가장 절실할 것이다.

대중적인 페미니즘 운동에 불을 다시 지피려면 임신선택권을 페미니즘 의제 한가운데에 놓아야 한다. 자신의 몸에 일어나는 일을 여성들이 선택할 수 없다면 삶의 다른 모든 부분에서도 자신의 권리를 포기해야 할지도 모른다. 새로워진 페미니즘 운동은 임신선택권과 관련된 전반적인 이슈를 그 어떤 개별 이슈보다 우선시할 것이다. 그렇다고 합법적이고 안전하고 저렴한 임신중단 수술을 중점에 두지 않겠다는 말이 아니라 단순히 그 문제만 중요한 게 아니라는 뜻이다. 만약 모든 여성이 성교육과 예방의학, 피임약과 피임기구에 접근이 더 쉬워진다면 원치 않은 임신을 하는 사람도 줄어들 것이다. 그러면 임신중단 수술의 필요성도 줄어들지 않겠는가.

합법적이고 안전하고 저렴한 임신중단 수술을 받는 문제에서 한번 밀리게 되면 여성들은 앞으로 임신선택권과 관련한 문제가 생길 때마다 주장을 꺾어야 한다. 임신중단권 반대운동은 근본적으로 반페미니즘 운동이다. 페미니즘 정치에 헌신하는 여성이 스스로는 임신중단을 하지 않겠다고 선택하더라도 그녀는 여전히 임신중단권을 찬성하고 임신중단이 필요한 다른 여성들이 어떤 선택을 하든 그 결과를 지지할 것이다. 언제든지 효과적인 피임을 할 수 있었던 젊은 여성들, 그러니까 불법적인 임신중단 수술로 일어난 비극을 목격해본 적 없는 이들은 임신선택권이 보장되지 않을 경우 언제든지 발생 가능한 착취 앞에 여성들이 얼마나 무기력하고 취약한지 실감하지 못한다. 모든 연령의 여성과 투쟁에 연대한 남성에게 왜 이러한 권리가 필요한지 이해시키려면 임신선택권에 수반되는 광범위한 문제들에 대해 지속적으로 논의해야 한다. 이러한 이해가 모든 여성이 임신선택권을 가진 세상을 만드는 노력의 토대가 될 것이다. 우리의 자유를 지키고 지탱하기 위해 임신선택권에 집중하는 페미니즘은 꼭 필요하다.

6장

# 내면의 아름다움과
# 외모의 아름다움

여성의 몸에 대한 성차별주의적인 사고를 깨부수려는 도전은 현대 페미니즘 운동의 개입 중 가장 강력한 것이었다. 여성해방운동 이전에는 젊고 늙은 모든 여성들이 성차별주의적인 사고를 주입받아 우리의 가치가 외모에만 달려 있으며 어쨌거나 보기 좋아야 하고 특히 남성이 보기에 그래야 한다고 믿었다. 건강한 자존감과 자기애를 키우지 않으면 여성은 절대 해방될 수 없다는 사실을 잘 이해한 페미니즘 사상가들은 문제의 본질로 곧장 파고들었다. 우리가 스스로의 몸을 어떻게 느끼고 생각하는지 비판적으로 점검하고 변화를 이끌어낼 건설적인 전략을 제공한 것이다. 많은 시간이 흐른 요즘에야 브래지어를 착용할지 말지 편안하게 선택하지만 30년 전만 해도 이런 결정이 얼마나 획기적인 것이었는지 모른다. 여성들은 건강에도 안 좋고 불편하며 우리 몸을 구속하는 브래지어와 거들, 코르셋, 가터벨트 등을 벗어던졌는데, 이는 여성의 몸이 지닌 아름다움과 건강을 되돌려달라 요구하는 급진적이면서도 일종의 의식 같은 행동이었다. 오늘날 그런 제약에 대해 전혀 모르는 여성들은 우리의 이런 주장이 획기적인 것이었음을 그런가보다 하고 받아들일 뿐이다.

좀더 깊이 파고들자면 이러한 의식으로 인해 여성들은 언제 어느 때나 편안한 옷을 입게 되었다. 일 때문에 노상 몸을 굽히거나 쭈그려 앉아야 했던 많은 여성들은 작업복으로 바지를 입게 된 것만으로도 열광했다. 원피스나 치마가 항상 불편했던 여성들도 이런 변화를 환영했다. 요즘에야 어릴 때부터 입고 싶은 대로 옷을 자유롭게 고를 수 있기 때문에 이런 변화가 시시해 보일지도 모른다. 수많은 성인 여성들이 페미니즘을 받아들이면서 발목이 꺾이는 불편한 하이힐을 벗어던졌다. 이런 변화에 제화업계는 굽 낮고 착화감 좋은 여성용 구두를 디자인해 내놓았다. 화장을 강요하는 성차별주의적인 전통이 사라지면서,

여성들은 거울을 바라보며 있는 그대로의 자신과 마주하는 법을 배웠다.

페미니즘의 개입으로 의복과 인체 혁명이 촉발되면서 여성은 우리 몸이란 본디 타고난 그대로 사랑받고 추앙받을 만하다는 사실을 깨닫게 되었다. 여성이 치장을 하지 않기로 한 이상 아무것도 더할 필요가 없었다. 처음에는 화장품업계와 패션업계의 자본가들이 페미니즘 때문에 자기네 사업이 망할 것이라며 기겁을 했다. 그들은 대중매체에 자금을 대고, 페미니스트들이 덩치가 크고 우락부락하며 늙고 추하다는 인식을 퍼뜨리며 여성해방운동을 폄훼했다. 실제로 페미니즘 운동에 참여한 여성들은 체격도 체형도 다 달랐다. 그야말로 천차만별이었다. 평가하거나 경쟁하지 않고 각자의 다름을 자유롭게 바라볼 수 있음에 우리는 얼마나 흥분했던가.

페미니즘 등장 초기에는 패션과 외모에 관심을 완전히 끊은 활동가들이 많았다. 이들은 하늘하늘한 프릴이 달린 옷이나 화장에 관심을 보이는 여성들에게 가혹할 정도로 비난을 퍼부었다. 그러나 대개는 선택지가 주어졌다는 사실에 열광했다. 선택이 가능해지자 이왕이면 편안하고 활동이 용이한 옷을 입었다. 여성들의 미용과 스타일에 대한 선호와 편안함과 편의성을 조화시키기란 결코 쉽지 않았다. 여성들은 (당시만 해도 철저하게 남성중심적이었던) 패션계에 다양한 체형을 위한 옷을 만들어 내놓으라고 요구해야만 했다. (페미니즘 활동가들이 여성 작가들에게 기회를 더 주고 묵직한 주제를 다룬 기사들을 더 실으라고 요구하여) 여성지들도 변화했다. 미국 역사상 최초로 여성들이 구매력을 이용해 긍정적인 변화를 이끌어내면서 소비자로서의 자신들의 힘을 확인하게 되었다.

명백히 성차별주의적 산업인 패션업계를 변화시키려는 과정에서 여성들은 난생처음으로 외모에 대한 집착이 얼마나 병적이며 목숨마저 위협하는가를 짚어보게 됐다. 이에 폭식증과 거식증이 집중조명되었다. 이 둘은 반대되는 '외모'를 만들어내지만, 목숨을 위협하는 이런 질환들은 같은 원인에서 비롯한다. 페미니즘 운동 때문에 성차별주의적인 의학계도 이 문제에 관심을 가질 수밖에 없었다. 그들은 처음에는 페미니스트들의 비판을 무시로 일관했다. 하지만 페미니스트들이 의료 센터를 열어 여성 중심의 적극적 건강관리positive health care 프로그램을 제공하자, 의약업계도 패션업계처럼 수많은 여성 환자들이 자신들의 몸을 더 세심하게 보살피고 존중해주는 진료시설을 이용하게 될 것이라는 사실을 깨달았다. 여성의 몸과 여성에게 제공하는 의료 서비스에 대한 의료계의 태도가 호의적으로 바뀐 것은 모두 페미니스트의 투쟁이 거둔 직접적인 결실이다. 의료 서비스 문제 즉, 우리 몸을 진지하게 다루는 문제를 놓고 여성들은 의료 산업에 지속적으로 대항하고 맞서는 중이다. 의료 분야야말로 페미니즘 정치를 지지하든 안 하든 페미니즘 투쟁이 대다수 여성에게 지지를 받는 몇 안 되는 분야다. 부인과 질환, 남성보다 여성이 더 취약한 암들(특히 유방암) 그리고 최근에는 심장 질환 분야에서 여성들의 단합된 힘이 어떤 성과를 거두었는지 우리는 지켜보고 있다.

이 나라에서는 나이를 막론하고 모든 여성이 얼마나 예쁜가 예쁘지 않은가로 여성을 판단하려는 강박이 완전히 사라지지는 않았기에 섭식장애를 종식하려는 페미니스트들의 투쟁은 계속되고 있다. 이 집착이 문화적 상상력마저 움켜쥔다. 1980년대 초, 많은 여성들이 페미니즘에서 멀어졌다. 여성이라면 누구나 페미니즘의 개입으로 일구어낸 혜택을 받았으면서도 점점 더 많은 여성들이 갱신된 성차별주의적 미의 개념을 받아들였다. 현대 페미니즘 운동의 태동기 때 이십대 초반이었던 여성들이 이제 사십대 후반을 지나 오십대에 들어섰다. 페미니즘은 여성의 몸을 바라보는 시각을 바꿔주어 여성들도 나이듦을 좀더 긍정적인 경험으로 받아들이게 되었지만 가부장제 사회에서 나이든 여성으로서의 현실, 특히 생물학적으로 더이상 아이를 가질 수 없는 현실과 직면하자, 수많은 여성들이 여성미를 정의하는 고루한 성차별주의적인 기준을 다시 받아들였다.

현재 미국에는 역사상 그 어느 때보다 마흔을 넘긴 이성애자 독신 여성의 수가 많다. 이들이 남성의 관심을 차지하기 위해 더 젊은 여성들(이들 중 대다수는 페미니스트가 아니고 앞으로도 그럴 일이 없을 것이다)과 경쟁하다보면 여성의 미에 대한 성차별주의적인 기준을 따르게 된다. 성차별주의적으로 정의된 미의 기준을 다시 미화하려는 움직임은 분명 백인우월주의-자본주의-가부장제적 패션업계와 화장품업계의 이익과 맞아떨어졌을 것이다. 대중매체도 그에 부화뇌동한다. 영화와 텔레비전 프로그램, 광고에 나오는, 배불리 먹을 수만 있다면 무슨 짓이든 할 것 같은 비쩍 마르고 금발로 염색한 여자들의 이미지가 미의 표준이 되었다. 여성스러운 아름다움에 대한 성차별주의적 이미지들로 가득찬 복수심에 불타는 역풍은 페미니스트들이 거둔 상당한 진보를 되돌리려 위협하고 있다.

요즘 여성들은 생명을 위협하는 섭식장애 문제에 대해 미국 역사상 그 어느 때보다 확실히 인지하긴 하나 슬프게도, 여전히 어린 소녀부터 상당히 나이든 여성까지 많은 이들이 날씬해지기 위해 무작정 굶는다. 거식증은 책과 영화 등의 주제로 흔하게 사용됐다. 그러나 아무리 무시무시한 경고를 해도 자신의 진가와 아름다움, 내면의 가치가 결국 마른 몸매로 결정되리라는 여성들의 믿음은 사라지지 않는다. 현대의 패션잡지는 거식증의 위험을 다루는 기사를 실으면서 동시에 독자들에게 이상적인 아름다움과 욕망의 대상으로 비쩍 마른 젊은 여성들의 이미지를 퍼붓는다. 이 혼란스러운 메시지는 누구보다도 페미니즘 정치를 받아들인 적 없는 여성들에게 치명적이다. 그러나 최근 들어 페미니스트들은 여성의 몸이 지닌 자연스러운 아름다움을 있는 그대로 긍정하는 풍조를 조성하기 위해 새롭게 노력하고 있다.

오늘날 소녀들의 자기 몸에 대한 혐오는 페미니즘 운동이 등장하기 이전만큼이나 심하다. 페미니즘 운동으로 수많은 유형의 여성 친화적인 잡지가 속속 발간되었지만 페미니즘을 지향하는 어떤 패션잡지에서도 미의 기준을 대체할 만한 새로운 이상형을 제시하지는 않았다. 대안도 없이 성차별주의적인 이미지만 비난한다면 그것은 실패한 개입이다. 비판만으로는 달라지지 않는다. 사실 많은 페미니스트들이 아름다움의 기준을 비판해왔지만, 여성들은 뭐가 건강한 선택인지 점점 더 혼란스러워졌을 뿐이다. 나는 중년에 접어들면서 그 어느 때보다 체중이 늘었으나 자기혐오에 찌든 성차별주의적 몸매를 목표로 삼지 않고 체중을 줄이기로 했다. 요즘 패션업계에서는, 특히 소비자 입장에서 봤을 때 빼빼 마른 십대 소녀들만을 위해 디자인한 것 같은 옷밖에 없으니 연령을 불문하고 모든 여성이 의식적이든 무의식적이든 자신의 몸매에 신경을 쓰고 살을 골칫거리로 여기도록 사회화될 수밖에 없다. 다행히도 다양한 사이즈와 체형을 가진 여성이 예쁘게 입을 만한 옷을 파는 가게들도 있으나 대개 이런 곳에서는 패션업체가 일반 대중을 상대로 판매하는 옷보다 훨씬 비싸게 판다. 최근 들어 패션잡지가 점점 더 과거의 모습을 닮아가고 있다. 남성 필자가 쓴 기사들이 늘어간다. 페미니즘 시각에서 작성했거나 페미니즘에 대한 내용을 담은 기사들은 보기 힘들다. 그러므로 패션도 성차별주의적 감수성을 반영하는 쪽으로 흘러간다.

원숙한 나이에 접어든 수많은 페미니스트 여성들이 선택의 자유를 행사하며 건강한 아름다움을 기준으로 한 대체 모델을 모색하기에, 이러한 성차별주의적 변화들은 공공연하게 인식되진 않는다. 하지만 성차별주의적으로 정의된 미의 기준을 완전히 없애기 위한 투쟁을 그만둔다면, 우리 몸과 자기 자신을 있는 그대로 받아들이고 사랑하게 해준 페미니스트의 개입이 낳은 눈부신 성과가 그대로 무너질지도 모른다. 여성의 아름다움에 대한 성차별주의적인 기준을 받아들이는 게 얼마나 위험하고 위태로운 일인지 모든 여성들이 전보다 더 잘 인식하고 있지만 우리는 그 위험을 완전히 없애버리지도, 그에 대한 대안을 만들어내지도 못했다.

가부장제적인 감수성이 미용 산업 전반에 영향을 미치도록 좌시한다면, 십대를 포함한 젊은 여성들은 페미니즘 사상가들이 아름다움과 치장의 가치를 인정한다는 사실을 끝내 알지 못할 것이다. 꽉 막힌 페미니스트들이 아름다워지고 싶은 여성의 욕망을 묵살해 결국 페미니즘 정치가 훼손돼버렸다. 페미니즘 운동 내에서 이런 고지식함은 이제 보기 드물지만 대중매체는 페미니스트들의 생각인 양 이를 전파한다. 페미니스트들이 미용 산업으로, 패션

업계로 돌아가 지속적인 혁명에 불을 지피기 전에는 우리
는 결코 해방되지 못할 것이다. 우리 몸을 있는 그대로 사
랑하는 법을 배우지 못할 것이다.

7장

# 페미니즘
# 계급투쟁

페미니즘 운동에 참여한 여성들은 계급 문제와 그로 인한 여성들의 분열에 대해 인종 문제보다 더 오래전부터 논의해왔다. 새롭게 형성된 여성해방운동 내에서도 대체로 백인이 주류인 그룹에서 여성들을 가르는 가장 뚜렷한 기준은 다름아닌 계급이었다. 노동자 계급 백인 여성들은 페미니즘 운동에도 계급 위계가 존재한다는 사실을 알아차렸다. 기본적으로 기존 계급구조를 유지하되 여성에게도 동등한 권리를 달라고 요구하는 여성해방운동 개혁파, 그리고 기존 구조를 근본적으로 바꾸어 낡은 패러다임을 없애고 그 자리에 상호성과 평등을 기본으로 하는 모델을 세우자는 좀더 급진적이거나 혁명적인 세력은 서로 충돌할 수밖에 없었다. 그러나 페미니즘 운동이 진보하면서 고학력자 백인 여성들로 구성된 특권 그룹이 백인 남성과 동등한 계급 권력을 손에 넣게 되자, 계급투쟁은 페미니즘 운동에서 중요성을 잃고 말았다.

특권 계급 여성들은 대중의 관심을 끄는 부류였기에 페미니즘 운동 초기부터 자신들의 관심사를 '최우선' 과제로 부각시킬 수 있었다. 그들은 대중매체를 매혹했다. 노동자 계급 여성들이나 대다수 여성들이 가장 중시하는 문제에 대해 주류 언론은 전혀 주목하지 않았다. 베티 프리단은 『여성의 신비』*에서 여성이 전업주부로 가정에 속박되고 예속된다고 느끼는 데서 오는 불만을 "이름 없는 문제"라고 이름 붙였다. 이 문제를 여성 전체의 위기인 양 제시했지만 실제로는 소수의 고학력자 백인 여성들의 위기였을 뿐이다. 그들이 가정에 속박될지도 모른다는 위험에 대해 불평할 때, 이 나라의 수많은 여성들은 일터로 향했다. 저임금에 장시간 노동을 하면서도 모든 집안일을

---

● 미국의 페미니스트이자 사회심리학자 베티 프리단(Betty Friedan, 1921~2006)이 쓴 책이다. 원제는 *The Feminist Mystique*로 국내에는 『여성의 신비』라는 제목으로 소개된 바 있다.

도맡아야 했던 여성 노동자들 중 다수에게 전업주부가 될 권리는 오히려 '해방'처럼 보였을 것이다.

인종에 관계없이 특권 계급 여성이 가정 밖에서 일할 수 없었던 것은 젠더 차별이나 성차별주의적 억압 때문이 아니라, 그들이 구할 만한 일이 노동자 계급 여성들에게도 문이 열려 있는, 특별한 기술이 필요 없는 저임금 직종이어서였다. 고학력자 엘리트 여성들은 상당수의 중하위층 그리고 노동자 계급 여성들과 같은 일을 하느니 차라리 전업주부가 되는 편을 택했을 뿐이다. 때로는 이런 여성들 가운데 일부가 틀을 깨고 직업전선에 뛰어들어 자신의 교육 수준에 못 미치는 일을 하며 남편과 가족의 저항에 부딪치기도 했다. 이러한 저항 때문에 그들은 집밖에서 마주치는 노동 문제를 젠더 차별 문제로 바꾸었으며 가부장제에 저항하고 같은 계급의 남성들과 동등한 권리를 누려야 한다는 주장을 페미니즘이 계급투쟁 대신 정치 강령으로 채택하게 이끌었다.

특권 계급인 개혁주의 백인 여성들은 처음부터 같은 계급의 남성들이 누린다고 생각한 자유와 권력을 똑같이 원한다는 걸 알았다. 가정에서의 가부장제 남성중심주의에 대한 그들의 저항은 계급을 떠나 남성중심주의가 지긋지

굿한 여성들을 뭉치게 했다. 하지만 특권을 가진 여성들만이 가정을 벗어나 일자리를 구함으로써 경제적으로 자족할 수 있는 소득을 손에 넣으리라 기대하는 호사를 누렸다. 노동자 계급 여성들은 자기네 임금으로는 결코 해방될 수 없다는 사실을 잘 알았다.

개혁주의적 한계에도 불구하고, 여성 노동자들이 임금은 더 많이 받고 직장 내 젠더 차별과 성희롱은 덜 겪는 환경을 만들기 위해 특권 계급 여성들이 기울인 노력 덕에 모든 여성들의 삶은 이전보다 나아질 수 있었다. 물론 이런 성과는 인정해야 한다. 하지만 그녀들이 계급 권력을 손에 넣는 동안 그 밖의 많은 여성들이 여전히 남성과 동일한 임금을 받지 못한 채로 남았다는 사실은 동일노동 동일임금 원칙을 위해 직장 환경을 개선하려는 페미니스트들의 노력이 어떻게 계급 이익으로 치환되는지 잘 보여준다.

계급 문제를 제기한 최초의 활동가들 가운데 레즈비언 페미니즘 사상가들도 있었는데 이들은 누구나 이해 가능한 언어로 자신의 관점을 전할 줄 알았다. 그녀들은 애초에 생계를 의탁할 남편의 존재를 기대할 수 없었다. 또 일터에서 모든 여성들이 겪는 온갖 어려움에 대해 이성애자 여성들보다 더 민감하게 인식했다. 1970년대 초반 샬럿 번치*와 낸시 마이런**이 엮은 『계급과 페미니즘Class and Feminism』 같은 작품집에는 여러 페미니스트 그룹에서 계급 문제와 맞닥뜨린 다양한 계급의 여성들이 쓴 글이 담겨 있다. 이 글들은 저마다 계급은 단지 돈 문제가 아님을 강조한다. (당시는 유명한 작가가 아니었던) 리타 매 브라운*** 은 『최후의 지푸라기The Last Straw』에서 이렇게 명확히 밝혔다.

계급은 생산수단과의 관계라는 마르크스의 정의를 훨씬 뛰어넘어 그 이상의 의미를 내포한다. 계급은 당신의 행동과 기본 전제, 당신이 어떻게 처신하도록 배웠는지, 스스로에게 그리고 타인에게 무엇을 기대하는지, 미래에 대해 어떻게 생각하는지, 어떻게 문제를 인식하고 해결하는지, 어떻게 생각하고 느끼고 행동하는지 모두에 영향을 미쳤다.

---

* Charlotte Bunch, 1944~ . 미국의 페미니스트 작가이자 인권운동가.
** Nancy Myron, 1943~ . 여성동성애와 페미니즘 운동에 대한 글을 쓰는 작가.
*** Rita Mae Brown, 1944~ . 미국의 작가이자 페미니스트 활동가. 추리소설 작가로도 유명하다.

다양한 계급으로 구성된 페미니스트 그룹에서 활동해온 이 여성들은 계급 문제와 맞서지 않으면 모든 여성들이 단결해 가부장제와 싸우는, 자매애를 토대로 한 정치적 유토피아가 절대 출현할 수 없음을 누구보다 먼저 깨달았다.

페미니즘 의제에 계급 문제를 포함하자 계급과 인종간 교차점이 확연히 드러났다. 인종과 성별, 계급이 사회체계로 제도화된 우리 사회에서 흑인 여성은 명백히 경제라는 계급제의 말단을 차지했다. 초기 페미니즘 운동에서 노동자 계급에 속한 고학력자 백인 여성들은 다른 모든 계급의 흑인 여성들보다 더 눈에 띄었다. 이 백인 여성들은 운동 내에서 소수였지만 경험에서 우러난 목소리를 냈다. 그들은 인종과 계급, 젠더 권력에 저항하면 어떤 대가를 치르는지 다른 인종의 특권 계급 동지들보다 더 잘 알았다. 그들은 경제 상황을 바꾸기 위한 투쟁이 어떤 것인지도 잘 알았다. 그들과 특권 계급 여성들은 적절한 행동 방향과 페미니즘이 근본적으로 고민해야 할 사안을 둘러싸고 끊임없이 논쟁했다. 한 번도 좌파의 자유투쟁에 참가해본 적 없었던 특권 계급 여성들은 페미니즘 운동 내에서 특권 없는 여성들의 도전에 부딪히며 구체적인 계급

투쟁의 정치를 배웠고, 또한 그 과정에서 자기주장을 말하는 기술과 갈등에 대처하는 건설적인 방법도 배웠다. 그러나 수많은 특권 계급 백인 여성들은 건설적인 개입에도 아랑곳하지 않고 페미니즘을 자기네 전유물인 양, 자기네가 리더인 양 굴었다.

이 사회를 지배하는 가부장제는 특권 계급 여성들의 이해관계만 주목할 가치가 있다는 식의 인식을 강화했다. 개혁주의 페미니즘은 기존 구조를 유지하며 여성의 사회적 평등을 실현하고자 했다. 특권 계급 여성들은 같은 계급 내의 남성들과 동등한 권리를 원했다. 자신이 속한 계급 내에 성차별주의가 만연함에도 그들은 노동자 계급 남성들과 같은 운명에 처하기는 원하지 않았다. 같은 계급의 남성과 사회적 평등을 이루려는 페미니즘의 노력은 비非백인에게도 경제력과 특권을 손에 넣을 기회가 동등하게 주어지면 백인의 힘이 약화될 것이라는 백인우월주의-가부장제-자본주의의 두려움과 교묘히 겹쳤다. 개혁주의 페미니즘은 사실상 백인 권력을 지지함으로써, 주류인 백인우월주의-가부장제가 권력을 강화하는 상황을 방조했으며 동시에 급진주의 페미니즘 정치를 약화시켰다.

페미니즘 운동이 보인 이러한 야합적인 행태에 분노한

건 혁명적 페미니즘 사상가들뿐이었다. 대안언론은 우리
의 비판과 분노에 귀를 기울여줬다. 급진주의 백인 활동가
메리 바풋Mary Barfoot은 자신의 에세이집 『흑인 대학살의
도래The coming of Black Genocide』에서 대담한 주장을 했다.

> 1970년대의 여성운동이 자매애를 의미한다고 믿었기에,
> 에스컬레이터를 탄 여성들에게 배신감을 느낀 상처 입고
> 분노하는 백인 여성들이 있다. 가부장제가 지배하는 집으
> 로 돌아가는 여성들에게 말이다. 그런데 여성운동은 단 한
> 번도 아버지 '딕Dick'을 떠나본 적이 없다. (…) 전쟁은 없었
> 다. 그러므로 해방도 없었다. 우리는 제노사이드의 이익을
> 나눠 가졌으며 거기에 만족한다. 우리는 가부장제의 자매
> 들이자 국가와 계급 억압의 진정한 지지자들로, 가부장제
> 가 가장 발전한 형태가 전 세계적 규모의 유럽 제국주의다.
> 만약 우리가 아버지 딕의 자매이고 그가 가진 것을 원한다
> 면, 결국 우리는 그가 모든 것을 갖게 만들어준 체제를 지지
> 하는 것과 다름없다.

정말이지 자신의 계급 엘리트주의보다 백인우월주의
를 벗어던지는 편이 훨씬 수월하다는 사실을 깨닫는 페미

니스트 여성들이 점점 더 늘고 있다.

특권 계급 여성들이 같은 계급의 남성들처럼 경제력을 쥘 기회가 커지면서 페미니즘 운동 내에서 계급에 대한 토론은 더이상 쉽게 접할 수 없게 됐다. 대신 여성들은 부유한 여성들이 거둔 경제적 성공을 모든 여성을 위한 긍정적인 징표로 삼으라는 압력만 받았다. 실제로 이런 성공이 빈곤층과 노동자 계급 여성들의 삶을 바꾸는 경우는 드물었다. 게다가 특권 계급 남성들은 가정에서 아내와 가사노동을 똑같이 분담하지 않았기에 인종을 불문하고 특권 계급 여성들은 자신의 자유를 위해 빈곤층과 노동자 계급 여성들의 종속 상태를 유지해야만 했다. 그렇게 1990년대에 접어들어 여성이 기존 사회구조와 결탁한 대가로 얻은 것이 바로 '여성해방'이다. 결국 계급 권력이 페미니즘보다 더 중요한 것으로 판명되었다. 그리고 이런 결탁이 페미니즘 운동의 약화에 한몫했다.

여성들이 남성과 다를 바 없이 활동하게 되고 더 높은 계급 지위와 더 큰 권력을 손에 넣자 페미니즘 정치는 약화되었다. 수많은 여성들이 배신감을 느꼈다. 페미니즘 열풍에 휩쓸려 느닷없이 노동자가 된 중산층과 중하위층 여자들은 집밖에서 일을 해도 배우자가 집안일을 공동으로 분담하지는 않는다는 잔인한 진실을 깨닫고 더이상 해방감을 느끼지 못했다. 무귀책 이혼*은 여성보다 남성에게 경제적으로 더 유리하다는 사실도 알려졌다. 수많은 흑인/유색인종 여성들은 개혁주의 페미니즘이 거둔 결실이나, 차별철폐 조처affirmative action에 더해진 젠더 차별철폐 등을 통해 다른 어떤 그룹보다도 특권 계급 백인 여성들이 더 많은 경제적 이득을 얻는 모습을 보며 페미니즘이 결국 백인의 권력을 강화해줄 뿐이라는 것을 새삼 확인했다. 특히 정부가 미혼모를 공격하고 복지제도를 와해시켜도 페미니즘 운동이 대중적 저항의 움직임을 보이지 않았다는 사실은 페미니즘 의제들에 대한 가장 심각한 배신 행위였다. 스스로를 페미니스트라 지칭한 특권 계급 여성들은 '가난의 여성화'라는 문제에 간단히 등을 돌렸다.

'파워 페미니즘'의 목소리는, 특권 계급이 아닌 그룹들을 향한 연대를 배신하지 않고도 계급 권력을 획득한 여성 페미니스트들의 목소리에 비해 훨씬 더 자주 언론의 관심을 받는다. 우리의 목표는 예나 지금이나 페미니즘

---

• 우리나라의 협의 이혼과 비슷한 개념으로, 일정 기간 별거를 한 후 별거를 사유로 한쪽이 법원에 이혼을 신청해 법원의 결정에 따라 이혼하는 방식.

정치에 충실하면서 한편으로는 경제적으로 자립하고 다른 여성들이 더 윤택한 삶을 살 수 있도록 도울 방법을 모색하는 데 있다. 여자들이 기존 자본주의-가부장제와 결탁해야만 경제적 이득을 얻을 수 있다는 전제가 참이 아님을 우리는 경험으로 안다. 미국 곳곳에서 페미니스트들은 혁명적인 사회 변혁의 비전을 지지하며, 계급 권력을 갖고서도 계급에 상관없이 모든 여성의 삶을 개선할 개혁을 도모하기 위해 우리의 힘을 이용하고 자원을 공유하고 있다.

여성해방의 유일한 진짜 희망은, 계급 엘리트주의에 맞서 사회를 변화시키려는 상상력에 달려 있다. 서구 여성들은 계급 권력을 손에 넣었지만 전 세계적으로 백인우월주의-가부장제가 제3세계 여성들을 노예화하거나 그들의 예속을 지속시키기 때문에 젠더 불평등은 더욱 심화되었다. 미국은 호황을 구가하는 교도소 산업과 노동연계복지를 지향하는 복지정책을, 보수적인 이민정책과 결합해 계약노예제가 생성될 조건을 형성하고 이를 용인하고 있다. 복지제도가 종식되면 기존 지배의 구조에서 학대와 착취를 당하는 여성과 아이들로 구성된 새로운 최하층 계급이 등장할 것이다.

계급을 둘러싼 현실이 바뀌고 빈부격차가 심화되고 여기에 더해 가난의 여성화가 진행되는 현실을 고려할 때, 그릇된 길로 가는 페미니즘에 중요한 의문을 제기하면서 동시에 새로운 이론을 제시하는, 과거의 강점을 기반으로 하고 개혁에 따른 긍정적인 성과를 포함하며 대중을 대상으로 삼는 급진적 페미니즘 운동이 우리에게 필요하다. 페미니즘 운동의 전망은 노동자 계급과 빈곤층 여성과 같은 구체적인 기반을 토대로 삼느냐 그렇지 못하느냐에 달려 있다. 계급 권력을 가진 여성 페미니스트들이 여성 저소득자를 위한 주택정책의 필요성을 실감할 수 있도록 비판 의식을 고취하는 교육을 시작해야 한다. 페미니즘 원칙에 부합하는 주택조합을 만드는 일이야말로 페미니즘 투쟁이 모든 여성의 삶과 어떻게 관련되는지 잘 보여주기 때문이다.

계급 권력을 가진 여성들이 기회주의적으로 페미니즘을 이용하고 한편으로 페미니즘 정치의 기반을 약화시켜 궁극적으로 그들을 다시 종속시킬 가부장제의 유지를 도왔다면 그들은 페미니즘만 배신한 게 아니다. 그들은 스스로를 배신한 셈이다. 페미니스트라면 남성이든 여성이든 모두 계급 문제로 되돌아가 거기서 다시 연대를 위한 토대를 쌓아야 한다. 그러면 우리는 계급에 상관없이 모든 사람들이 자원을 공유하고, 개인적 성장을 위한 기회를 얻을 미래를 더 생생히 그릴 수 있을 것이다.

8장

# 글로벌
# 페미니즘

　　　　자유를 위해 지구촌 곳곳에서 싸웠던 여성 투사들은 가부장제와 남성중심주의에 맞서 홀로 고군분투했다. 지구에 최초로 출현한 인류는 백인이 아니었으니 남성중심주의에 최초로 반기를 든 여성도 백인은 아니었으리라. 백인우월주의-자본주의-가부장제 서구문화에서 신식민주의 사고는 다양한 문화적 관행을 관통하는 어떤 기조를 확립한다. 이를테면 신식민주의 사고는 언제나 누가 영토를 정복했는지, 누구에게 소유권이 있는지, 누구에게 지배권이 있는지에 주목한다. 현대 페미니즘 정치는 신식민주의에 대한 급진적인 대응으로 출현한 게 아니다.

　　특권 계급 백인 여성들은 페미니즘 운동의 '소유권'이

자신들에게 있다고 즉각 선언함으로써 페미니즘 운동을 지지하는 노동자 계급 백인 여성들과 빈곤층 백인 여성들 그리고 모든 유색인종 여성들을 추종자로 전락시켰다. 노동자 계급 백인 여성이나 개별적으로 운동에 참여하는 흑인 여성들이 여성운동의 급진화에 얼마나 많이 기여했는지는 중요치 않았다. 결국 계급 권력을 쥔 백인 여성들이 페미니즘 운동을 자기네 것이라고 선언하면서 자신들은 지도자이며 나머지는 추종자일 뿐이라고 못박은 셈이었다. 기생적 계급관계가 현대 신식민주의에 존재하는 인종과 민족, 젠더 문제를 덮어버렸다. 물론 페미니즘도 이런 역학관계와 그리 떨어져 있지 않았다.

미국 페미니즘 지도자들이 자국 내 젠더 평등의 필요에 대해 처음으로 목소리를 드높였을 때, 그들은 비슷한 운동이 전 세계 여성들 사이에서 일어나고 있는지에 대해서는 알아보려 하지 않았다. 대신에 그들은 자신들이 해방되었기에 이제 자기네보다 운 없는 자매들, 특히 '제3세계' 여성들을 해방할 수 있다고 선언했다. 이러한 신식민주의적 온정주의는 보수건 진보건 백인 여성들만이 페미니즘의 실질적인 대변자가 되게끔 유색인종 여성들을 일찌감치 뒷전으로 보내버렸다. 급진주의적 백인 여성들은 잘 '언급'되지도 않았고, 설령 그런대도 대개 운동의 주변부를 맴도는 괴상한 여자들로 묘사되었다. 그러므로 1990년대의 '파워 페미니즘'이 부유한 백인 이성애자 여성들을 성공한 페미니스트의 예로 들었대도 전혀 놀랍지 않다.

사실 그들의 헤게모니는 평등에 대한 페미니즘의 레토릭을 멋대로 가져다 씀으로써, 그들이 지배계급과 결탁해 백인우월주의-자본주의-가부장제에 머물고 있다는 사실을 교묘하게 감추었다. 급진주의 페미니스트들은 (인종을 불문하고) 수많은 여성들이 페미니즘 용어를 구사하면서도 서구 제국주의와 초국적 자본주의에 부역하는 모습을 보고는 경악했다. 미국 내 페미니스트들이 전 세계 여성의 평등을 위해 싸우고자 한 것은 옳은 일이었지만, 계급 권력을 가진 개별 페미니스트들이 제국주의적 환상을 전 세계 여성들에게 투사해 문제가 발생했다. 이들은 미국 여성들이 지구상의 어떤 여성들보다 더 많은 권리를 누리고 있으며 원하기만 하면 얼마든지 '자유로워질' 수 있으니 페미니즘 운동을 이끌고 전 세계 여성들, 특히 제3세계 여성들을 위해 페미니즘 의제를 정할 권리가 있다는 환상을 유포했다. 이러한 사고는 서구 남성들로 이뤄진 지배집단의 제국주의적 인종차별주의와 성차별주의의 단순한 미러링에 불과하다.

대부분의 미국 여성들은 식민주의나 신식민주의라는 용어를 모르거나 아예 사용하지도 않는다. 그렇긴 하나 대부분의 미국 여성들, 특히 백인 여성들이 미국이나 전 세계에서 자신들보다 입지가 좁은 여성들을 대하는 태도를 보면 식민주의에 기반한 인종차별주의와 성차별주의, 계급 엘리트주의가 배어 있음을 알 수 있다. 페미니즘 사상가들이 이 문제에 대해 각성하지 못한 채, 전 지구적 차원의 젠더 착취와 억압 문제를 다루는 한 그들의 관점은 예나 지금이나 신식민주의를 벗어나지 못한다. 그런 점에서 『야간 시력─ 신식민지에서의 전쟁과 계급 고찰*Night-Vision: Illuminating War and Class on the Neo-Colonial Terrain*』에서 급진주의 백인 여성들이 "신식민주의를 이해하지 못한다면 이 시대를 충실하게 사는 것이 아니다"라고 지적했음을 눈여겨보아야 한다. 각성하지 않은 백인 페미니스트들은 미국인으로서의 삶 그러니까 그들이 예나 지금이나 제국주의-백인우월주의-자본주의-가부장제와 결탁해 행동하고 있다는 현실을 좀처럼 인정하기 꺼렸기에, 이러한 부인의 벽을 허물기 위해서는 흑인/유색인종 여성들과 우리의 급진주의 백인 자매들이 계속해서 벽에 몸을 던지며 저항해야 했다.

수많은 페미니즘 활동가들이 인종과 젠더, 계급, 국적을 포괄하는 관점을 채택했음에도, 백인 '파워 페미니스트'들은 여성의 평등이 제국주의와 결부되어 있다는 식의 페미니즘 이미지를 끊임없이 만들어냈다. 여성 할례의 강요, 태국의 섹스 클럽, 아프리카와 인도, 중동, 유럽에서 여성의 히잡 착용 문제, 중국의 여아 살해 같은 전 세계 여성들이 처한 문제는 여전히 심각하다. 그러나 서구의 여성 페미니스트들은 페미니즘 사고와 실천을 탈식민화해 이와 같은 문제들을 마주함에 있어 서구 제국주의가 다시금 끼어들지 못하도록 여전히 투쟁하고 있다. 백인이든 흑인이든 많은 서구 여성들이 아프리카와 중동의 여성 할례 문제에 어떻게 대응했는지 떠올려보라. 대개 이 지역들은 '야만적이고 미개한' 곳으로 묘사되고 그곳에서의 성차별주의는 미국에서의 성차별주의보다 여성에게 더 인정사정없고 위험천만하다는 식으로 그려진다.

탈식민지화된 페미니즘은 다른 무엇보다 여성의 몸을 통제하는 성차별주의가 어떻게 전 지구적으로 연결되는지부터 검토해야 한다. 가령, (마른 몸을 이상적인 아름다움으로 간주하는 문화의 직접적인 산물인) 생명을 위협하는 섭식장애나 목숨을 담보로 하는 성형수술을 여성 할례와 연결지으면, 전 세계에서 벌어지고 있는 이러한 관행에 자리한 성차별주의, 여성혐오misogyny가 바로 여기 미국에서는 어떤 식으로 작동하는지 파악(미러링)할 수 있다. 서구 제국주의의 개입 없이 이런 문제들을 다루고 페미니즘이 초국적 자본주의에 의해 서구에서 전해진 또하나의 명품처럼 왜곡되지 않을 때까지 다른 문화권에 속한 여성들은 이를 소비할 권리를 얻기 위해 싸워야 한다.

미국 내 급진주의적 여성들이 계급 상승을 노려 페미니스트인 척하는 기회주의적 여성들과 맞서 싸우지 않는 한, 서구 글로벌 페미니즘의 기조는 진부한 편견을 품은 채로 막강한 계급 권력을 쥔 이들의 손에 좌우될 것이다. 급진주의 페미니스트들은 인종과 민족, 국적의 경계를 넘어서 여성들 간의 정치적 연대를 강화하기 위해 세계 곳곳에서 매일 애쓰고 있다. 그러나 주류 언론은 페미니즘의 이런 긍정적인 개입 사례에 좀처럼 주목하지 않는다. 질라 아이젠슈타인*은『증오들—21세기의 인종차별과

---

* Zillah Eisenstein, 1948~ . 미국의 급진주의 페미니즘 이론가이자 활동가.

성차별로 얼룩진 분쟁들*Hatreds: Racialized and Sexualized Conflicts in the 21st Century*』에서 다음과 같은 통찰력을 보여 줬다.

> 인종/젠더의 그릇된 경계와 잘못 구축된 '타자'를 거부하는
> 초국적 페미니즘(들)은, 남성화된 민족주의와 왜곡된 국가
> 주의적 공산주의, '자유'시장 세계화를 향한 중대한 도전이
> 다. 초국적 페미니즘은 개인의 다양성과 자유, 그리고 평등
> 을 인정하고 북/서와 남/동의 담론들을 관통하고 이를 넘어
> 서는 페미니즘이다.

글로벌 페미니즘의 성장에 대해 공부한 사람이라면 우리의 자유를 확보하기 위해 여성들이 중요한 업적을 성취했다는 사실을 아무도 부인하지 못할 것이다. 미국 여성을 필두로 서구 여성들이 이러한 투쟁에 상당 부분 기여해왔으며 앞으로도 더 그래야 한다는 사실도 부인할 수 없다. 글로벌 페미니즘은 성차별주의와 그에 근거한 착취 그리고 억압을 종식하기 위한 전 지구적 투쟁에 손 내밀어 하나로 이어져야 한다.

FEMINISM

9장

/

# 일터의
# 여자들

IS FOR

EVERYBODY

미국 전체 여성 인구 중 절반 이상이 노동자다. 현대 페미니즘 운동이 싹틀 때 이미 노동자 중 3분의 1 이상이 여성이었다. 내가 아는 여자들은 대부분 아프리카계 미국인이자 노동자 계급 출신으로, 직장에 다니고 있었기에 나는 페미니즘 운동 초창기에 직업이 남성중심주의로부터 여성을 해방해줄 것이라는 개혁주의 페미니즘 사상가들의 주장을 격렬하게 비판했었다. 10년도 더 전에 나는 『페미니즘─주변에서 중심으로』에서 이렇게 썼다. "여성해방의 열쇠로 일을 강조한 결과, 수많은 백인 페미니스트 활동가들이 일하는 여성들을 두고 '이미 해방되었다'고 주장하게 되었다. 그들은 사실상 일하는 여성들에게 '페미니즘은 당신들을 위한 것이 아니다'라고 말한 셈이다." 하지만 나는 저임금 노동이 남성중심주의로부터 빈곤층과 노동자 계급 여성들을 해방해주지 않는다는 사실을 경험을 통해 알고 있었다.

특권 계급 출신으로 같은 계급의 남성과 동등한 사회적 권리를 얻는 것을 우선적인 의제로 삼은 개혁주의 페미니즘 사상가들이 일자리와 해방을 동일시했을 때, 그들에게 일자리란 높은 임금의 직업을 의미했다. 일에 대한 그들의 생각은 대다수 여성의 삶과 무관했다. 페미니스트들이 모든 여성들의 삶에 영향을 미치는 일과 관련한 의제로 동일노동 동일임금 보장을 중심에 뒀다는 것은 중요하다. 페미니스트들의 저항으로 여성들은 봉급과 직급 면에서 전보다는 더 많은 권리를 손에 넣었으나 젠더 차별이 완전히 사라진 것은 아니었다. 오늘날 수많은 대학 강의실에서 여학생 남학생 할 것 없이 학생들은 이제 여성이 평등을 쟁취했으니 페미니즘 운동은 시효를 다했다고 주장할 것이다. 그들은 일반적인 대다수 여성들이 동일노동 동일임금을 보장받지 못한다는 사실도, 남자가 1달러를 받을 때 여자는 73센트밖에 못 받는다는 사실도 전혀 모른다.

이제 우리는 일이 여성을 남성중심주의로부터 해방시키지 못한다는 사실을 잘 안다. 실제로, 고액 연봉을 받는 전문직 여성도 많고 부유한 여성도 많지만 그들 역시 남성중심주의가 일상인 곳에서 남성들과 관계를 맺고 있다. 다행스럽게도, 경제적으로 자립한 여성일수록 남성중심주의가 당연한 관계에서 벗어나 해방을 택할 확률이 커진다는 사실도 우리는 잘 알고 있다. 떠날 수 있기에 그녀는 떠난다. 페미니즘 사고를 받아들이고 해방되고 싶어도, 수많은 여성들이 경제적으로 가부장제 남성들에게 매여 있기 때문에 원천적으로 불가능한 일은 아니라 해도 훌쩍 떠나기는 힘들어한다. 페미니즘 운동 초기에만 해도 우리 중 일부만 알았지만 이제 여자라면 대부분 다 아는 사실이 있다. 일이 여성해방의 필요조건은 아니지만, 해방되기를 원한다면 경제적 자립이 꼭 필요하다는 현실은 바뀌지 않는다는 사실이다. 우리가 경제적 자립을 일과 연관 짓기보다는 해방의 수단으로 본다면, 한 걸음 더 나아가 어떤 종류의 일이 여성해방을 가져다줄지 생각해봐야 한다. 분명 탄력근무제와 좋은 보수가 보장된 일이라면 노동자에게 최대한의 자유가 허용될 것이다.

페미니즘 사상에 용기를 얻어 취직을 하면 해방될 수

있을 것이라 믿었던 수많은 여자들은 분노했다. 여자들은 가정에서도 일터에서도 장시간 일해야 했던 것이다. 페미니즘 운동의 영향으로 여성들이 직장에 나가 일하는 상황을 긍정적으로 받아들이게 되기 전부터도 경기 침체 때문에 이런 변화는 생길 수밖에 없었다. 현대 페미니즘 운동이 아니었대도 수많은 여성들이 마찬가지로 노동인구에 편입됐겠지만, 페미니스트들이 젠더 차별에 이의를 제기하지 않았다면 지금 우리가 쥔 권리를 누렸을 가능성은 희박하다. 여성이 페미니즘 때문에 직장에서 일할 수밖에 없게 됐다고 '탓하는' 것은, 비록 이렇게 생각하는 여자들이 많다고 해도 잘못이다. 점점 더 많은 여성들이 일자리를 찾게끔 이끈 건 사실 소비 자본주의다. 경기 침체인 상황을 고려하면 한때 전업주부를 꿈꾸었을지도 모를 여자가 직장을 구하지 않고서는 이제 백인 중산층 가정이 누리는 계급적 지위와 라이프스타일을 유지하기 힘들게 됐다.

페미니즘 연구는 여성들이 직업을 갖게 되면서 자존감이 높아지고 사회 공동체 활동에 적극적으로 참여하게 되는 긍정적인 성과를 거두었다는 사실을 자료로 입증했다. 어느 계급에 속하는 여성이건 전업주부로 가정에만 머무는 경우 고립감이나 외로움을 느끼고 우울해했다. 여성이든 남성이든 대부분의 노동자는 일터에서 안정감까지는 아니더라도 어딘가에 속해 있다는 소속감을 느끼게 마련이다. 가정에서는 문제가 발생하면 스트레스가 상당하고 해결책을 찾기도 까다롭지만 일터에서는 문제가 발생하면 모든 구성원들이 이를 공유하며 해결책도 혼자서 찾지 않는다. 대개 남성들이 바깥일을 도맡았을 때 여성들은 남성을 위해 집을 안락하고 휴식을 취할 수 있는 공간으로 만드는 일을 맡았다. 여성에게 집이란 남편과 아이가 없을 때만 쉴 수 있는 공간이었다. 가정 내에서 여성이 온종일 다른 사람을 수발하느라 바쁘다면 집은 그녀에게 쉬면서 편안함과 즐거움을 얻는 공간이 아니라 일터일 뿐이다. 독신 여성(대부분 혼자 살고 그들이 이성애자인지 아닌지는 중요하지 않다)이야말로 직업을 가짐으로써 가장 자유로워졌다. 대부분의 여성은 좋은 일자리를 찾을 수조차 없었으며 노동인구에 편입되면서 가정에서 그들 삶의 질은 오히려 떨어졌다.

페미니스트들이 직장 내 젠더 차별을 바로잡자 이전에는 취직하지 않았거나 몇몇만 예외적으로 취직했던 고학력자 특권 계급 여성들이 경제적으로 자족할 수 있는 직장을 전보다 훨씬 더 쉽게 구하게 되었다. 그러나 이들의 성공이 대다수 여성의 운명을 바꿔놓지는 못했다. 몇 해 전나는 『페미니즘—주변에서 중심으로』에서 이렇게 썼다.

일터에서 여성의 노동 조건을 개선하려는 노력이, 여성이 더 높은 임금을 받을 수 있게 하고 계급을 막론하고 구직자 여성들의 취업을 도우려는 노력과 더불어서 페미니즘 운동의 핵심 의제를 이루었더라면, 페미니즘은 모든 여성의 관심사를 아우르는 운동으로 받아들여졌을 것이다. 그러나 페미니스트들은 출세에 혈안이 되어 여성의 고임금 전문직 진출에만 관심을 쏟아 대다수의 여성들을 페미니즘 운동에서 멀어지게 했다. 또한 페미니즘 활동가들은 노동시장에 진입한 부르주아 여성이 증가했다고 해서 여성 전체가 경제력을 획득한 것은 아니라는 사실을 자꾸 외면했다. 그들이 빈곤층과 노동자 계급 여성들의 경제 상황을 제대로 살폈다면, 여성 실업 문제가 심각해지고 있다는 사실은 물론이고 계급을 불문하고 빈곤층으로 추락하는 여성들이 증가하는 추세도 포착했을 것이다.

**가난은 핵심적인 여성 문제가 되었다. 백인우월주의―**

자본주의-가부장제가 우리 사회의 복지 체계를 와해하려 들수록 가난하고 힘없는 여성들에게서 삶의 기본적인 필수 요소인 쉴 곳과 음식마저도 빼앗을 것이다. 상황이 이런데도 보수적인 정치인들은 남성이든 여성이든 대부분 실업 상태인 현실과 일자리가 아예 없다는 사실, 그리고 설령 벌이가 있다 해도 많은 남성들이 아내와 아이들을 경제적으로 부양하길 원치 않는다는 사실을 무시하고는 해결책이랍시고 남성이 가족을 부양하는 가부장적인 남성중심주의 가정으로의 회귀를 여성에게 내세웠다.

지금으로서는 여성에게 빠져나갈 방법, 즉 일에 대해 재고할 방안을 제시하는 페미니즘 의제가 전혀 없다. 우리 사회는 생활비가 많이 들기 때문에 여성을 비롯한 대부분의 노동자들은 일을 한들 경제적으로 자립할 수 없다. 하지만 모든 여성들이 남성중심주의에 맞설 수 있을 만큼 자유롭고 충실하게 자아실현을 하기 위해서 경제적 자립은 필수적이다.

좀더 완벽한 경제적 자립의 길은, 백인우월주의-자본주의-가부장제를 뒷받침하는 대중매체가 우리에게 제시하는 행복한 삶의 이미지와는 다른, 대안적 라이프스타일에 있을 것이다. 생활임금*을 받으며 충만하고 행복하게 살고, 자부심과 자존감을 북돋아주는 일을 하려면 일자리 나눔 프로그램이 필요하다. 교사들과 모든 서비스업 종사자들은 더 많은 임금을 받아야 한다. 집에서 육아에 전념하고 싶은 여성과 남성은, 집에서 고등학교 과정을 마치고 대학 학위를 딸 수 있게끔 홈스쿨링 프로그램을 이용할 수 있어야 하며 그 기간 동안 주에서 보조금도 받을 수 있어야 한다. 기술을 발전시켜 집에서도 동영상으로 대학 강의를 수강할 수 있게 해야 하며 이를 강의실에서 보내는 시간과 병행해 늘려야 한다. 정부가 군비가 아닌 복지에 예산을 배정하고, 일자리를 구하지 못할 때 모든 시민이 1~2년가량 정부로부터 합법적인 지원을 받게 된다면 복지제도에 붙는 부정적인 오명은 사라질 것이다. 또한 남자도 동등하게 복지제도를 이용할 수 있다면 복지제도가 역차별적이라는 오명도 씻길 것이다.

계급 양극화가 심화되면서 다수인 빈곤층 여성과 특권 계급 여성 사이의 격차가 점점 벌어진다. 사실 우리 사회에서 엘리트 집단 여성들, 특히 부유층 여성들의 계급 권

---

• living wages, 최저생계임금의 개념을 발전시킨 것으로, 대개 미국에서는 주 40시간 노동으로 양질의 주거, 음식, 교통, 건강보험, 통신, 여가 등을 누릴 수 있는 수준의 임금을 말한다.

력은 상당 부분 다른 여성의 자유를 담보로 한다. 이미 계급 권력을 쥔 몇몇 여성 집단에서는 소외 계층 여성들에게 보조금을 주거나 지원을 제공하는 식의 경제적 프로그램을 제공하면서 이런 상황을 중재하고 있다. 페미니즘 해방운동에 헌신하는 이들 가운데 부유한 개별 여성들, 특히 재산을 상속받은 여성들은 계급 권력을 갖지 못한 여성들에게 도움을 주고 이들과 연대하기 위한 참여경제 전략을 만들어내고 있다. 당장은 이러한 여성들은 소수에 불과하지만, 이들의 노력이 널리 알려지면 참여자들도 늘어날 것이다.

30년 전 당대 페미니스트들은 우리 사회의 노동 부문에 어떤 변화가 닥칠지 예측하지 못했다. 그들은 대량 실업 사태가 일상화되고 여성들이 있지도 않은 일자리를 구하기 위해 구직 준비를 하게 되리라고는 생각지 못했다. 그들은 보수주의자들 그리고 일부 진보주의자들마저 돈 없는 미혼모들의 경제적 곤궁을 비난하고 악마화하는 식으로 복지제도를 공격하리라고는 내다보지 못했을 것이다. 예측할 수 없었던 이런 일들이 현실로 닥치자 선구적인 페미니즘 사상가들은 여성해방과 일의 관계에 대해 재고해야 했다.

오늘날 일터에서의 여성의 역할이 가정에서 자신의 역할과 자아상을 어떻게 바꿨는지 알려주는 페미니즘 연구는 많지만 일하는 여성 인구가 증가하면서 남성중심주의가 긍정적인 방향으로 변화되었는지 살핀 연구는 많지 않다. 많은 남성들이 자신의 실직의 원인, 그리고 예나 지금이나 그저 허울에 불과하다 할지라도 가부장제하에서 가장의 위치가 보장해주는 확고한 정체성이 사라지게 된 원흉으로 일하는 여성을 지목한다. 그러므로 미래를 위한 중요한 페미니즘 의제는 남성들에게 여성과 일의 관계에 관한 실제 상황을 보여주고 그들이 일터에서 여성을 적으로 돌리지 않게 해야 한다.

여성들은 오랫동안 직장에서 일해왔다. 임금이 많건 적건 페미니스트들이 이상적으로 제시한 비전만큼 일에서 의미를 찾는 여성들은 많지 않다. 여성들이 전반적인 삶의 질을 향상하기 위해서가 아니라 더 많이 소비하기 위해서 돈을 번다면 경제적 자급자족은 불가능하다. 우리의 행복을 배양하는 데 쓰지 않는다면 아무리 돈이 많아도 자유로워질 수 없다. 일의 의미를 재정립하는 작업은 앞으로 페미니즘 운동의 중요한 과제가 될 것이다. 페미니즘 운동이 성공하려면 설령 대단한 부자까지는 아니라 해도 여성들이 행복한 삶을 꾸릴 수 있는 전략뿐만 아니라 빈곤층에서 벗어날 수 있는 방법까지 모두 다루어야 한다.

초기 페미니즘 운동은 여성의 경제적 자립을 주목표로 삼지 않았다. 그러나 앞으로는 여성이 처한 경제적 어려움에 대한 고민이야말로 궁극적으로 페미니즘 운동 대중화의 강령이 될 것이다. 이는 모든 여성들을 하나로 모으는 공동의 문제이자 대중조직화로 나아가는 장이 될 것이다.

FEMINISM

10장

# 인종과
# 젠더

IS FOR

EVERYBODY

페미니즘 사상가들에게 인종과 인종차별주의의 현실을 인정하라는 요구만큼 미국 페미니즘의 면모를 혁신한 개입은 없었다. 미국 내 백인 여성들 중 자신의 지위가 흑인/유색인종 여성과 다르다는 사실을 모르는 사람은 없다. 어릴 때부터 텔레비전을 봐도 백인들만 나오고 잡지를 봐도 백인들만 나왔을 테니 이러한 사실을 잘 안다. 백인 여성들은 이렇게 비非백인이 부재하거나 투명인간 취급을 받는 게 순전히 그들이 백인이 아니라서라는 사실도 잘 안다. 미국의 백인 여성이라면 누구나 흰 피부만으로 특권을 가진 범주에 든다는 사실을 안다. 백인 여성이 이런 사실을 숨기고 부정한대도 그들이 그 사실을 몰라서 그러는 게 아니다. 다만 인정하지 않을 뿐이다.

민권운동에 적극적으로 가담했던, 정치적으로 각성한 백인 여성들의 단체는 백인 여성들이 만든 그 어떤 단체보다 자신들의 지위가 흑인 여성의 지위와 다르다는 사실을 잘 이해했다. 미국사에 있어 이 시기에 백인 여성이 쓴 일기와 비망록들이 이를 증명해준다. 그런데 이들 중 다수가 민권운동에서 여성해방운동으로 옮겨갔고 자신들이 민권투쟁 당시 직접 보고 들었던 그 명백한 차이에 대한 인식을 숨기고 부정하면서 페미니즘 운동의 선봉에 섰다. 그들이 인종차별철폐를 위해 투쟁했다고 해서 그들이 백인우월주의에서 벗어난 것은 아니었다. 다시 말해 자신들이 흑인 여성보다 우월하고, 더 박식하고, 더 잘 배웠고, 더 운동을 '이끌어나갈' 만하다는 의식에서 벗어났다고 보는 것은 오산이었다.

이들은 많은 면에서 (백인 여성과 흑인을 포함한) 모든 사람에게 투표권을 줘야 한다고 주장했던 노예해방론자 선조들과 비슷했다. 하지만 성별이 다르다는 이유로 자신들에겐 투표권이 주어지지 않는데도, 흑인 남성들은 투표권을 얻을 듯 보이자 백인 여성들은 백인 남성들과 연합해 백인우월주의의 기치 아래 모여들었다. 더 많은 권리를 호전적으로 요구하는 흑인들의 모습을 지켜본 백인 여성들은 이를 발판 삼아 자신들의 권리를 요구하고자 했다. 이들 중 일부는 민권운동 때문에 성차별주의와 그에 근거한 억압을 인식하게 되었다고 주장한다. 하지만 이 주장이 맞다면, 그들이 새롭게 인지한 다름에 대한 정치적 의식이 현대 페미니즘 운동의 이론화 과정에도 반영되었어야 한다.

그들은 페미니즘 운동을 시작하면서 인종과 젠더를 나란히 놓고 고려한 것이 아니라 전체 그림에서 아예 인종을 제거하여 차이를 지우고 부인했다. 젠더를 앞세운다는 말은, 백인 여성들이 무대 중앙을 차지할 수 있다는 뜻이자 여자라면 누구든 페미니즘 운동에 참여할 수 있다고 하면서도 그 운동을 자기네 것이라고 주장할 수 있다는 의미였다. 초기 페미니즘 운동은 인종 간 격차나 인종차별철폐를 위한 투쟁을 진지하게 고려하지 않았기에 그들이 그리는 자매애라는 유토피아는 대다수의 흑인/유색인종 여성들의 공감을 얻지 못했다. 페미니즘 운동이 태동할 때부터 활동했던 흑인 여성들 대부분의 처지는 별로 나아지지 않았다. 페미니즘 운동이 시작됐을 때도 여전히 인종통합은 거의 이뤄지지 않았다. 많은 흑인들이 난생처음으로 백인과 동등한 위치에서 소통하는 법을 배우기 시작했던 터라, 페미니즘을 받아들인 흑인 여성들이 인종에 대한 자신의 인식을 섣불리 털어놓지 않았대도 그리 놀랍지 않다. 백인 여성을 착취자와 압제자로만 경험했던 세상에서 백인 여성들이 자매애를 외치는 모습을 보다니 얼마나 감격스러웠을까.

1970년대 후반에서 1980년대 초반, 젊은 흑인/유색인종 여성들은 백인 여성의 인종차별주의에 이의를 제기했다. 윗세대 흑인 여성들과 달리 우리는 대부분 여전히 백인 위주이긴 하나 백인들과 한 교실에서 함께 교육도 받았다. 백인 여성과의 관계에서 예속된 지위에 놓인 적도 없었다. 우리는 대부분 취업전선에 내몰린 적도 없다. 우리는 결코 주어진 자리에서 쥐죽은 듯 가만히 있지 않았다. 우리는 여성운동 내에서 발생하는 인종차별과 백인우월주의를 비판하는 데 있어 적임자였다. 여성이 일종의 카스트 같은 성별 계급에 속해 있다는 개념을 제시하며 여성에 대한 억압을 깨는 운동을 조직하려 했던 백인 여성들이 오히려, 모든 여성의 공통된 경험 이면에 자리한 여성들 간의 차이에 대해서는 인정하기를 꺼렸다. 그중에서도 인종은 가장 명백한 차이였다.

1970년대에 나는 『나는 여자가 아닌가요—흑인 여성과 페미니즘』의 초고를 완성했다. 열아홉 살 때였다. 나는 상근직으로 일해본 적이 없었다. 나는 남부의 인종 분리 지역 작은 마을에 살다가 스탠퍼드 대학에 진학했다. 자라면서 늘 가부장제적 사고에 저항했으나 대학에 와서야 페미니즘 정치를 받아들였다. 나는 여성학 강의를 듣는 유일한 흑인 여성이었고, 의식이 고양되는 과정에서 인종과 젠더 문제의 이론화 작업을 시작하게 되었다. 인종차별적 편견이 페미니즘 사고를 형성하는 데 미치는 영향을 인정할 것과 이에 대한 수정을 촉구한 것도 그 시절 대학에서였다. 그 무렵 다른 곳에서도 나와 같은 생각을 지닌 흑인/유색인종 여성들의 비판이 터져나왔다.

그 당시 인종차별과 인종 간 격차가 엄연히 존재하는 현실을 좀처럼 직시하려들지 않았던 백인 여성들은 페미니즘에 인종 문제를 끌어들였다며 우리를 배신자라고 비난했다. 부당하게도 그들은 우리가 젠더에 맞춰진 초점을 다른 곳으로 돌리려 한다고 생각했다. 사실, 우리는 여성이 처한 상황을 현실적으로 바라볼 것을 요구하며 그런 현실적인 이해야말로 진정한 페미니즘 정치의 토대가 될 것이라고 주장했다. 우리는 자매애의 이상을 훼손하려던

게 아니었다. 우리는 진정한 자매애를 키워낼 구체적인 연대의 정치를 세우고 싶었다. 우리는 백인 여성들이 백인우월주의에서 벗어날 수 없다면, 그리하여 페미니즘 운동이 근본적으로 인종차별주의에 맞서지 않는다면, 백인 여성과 유색인종 여성 사이에 진정한 자매애가 피어날 수 없다는 사실을 잘 알았다.

인종 문제와 관련한 비판적인 개입은 결코 여성운동을 무너뜨리지 않았다. 도리어 더 강하게 만들었다. 인종 문제를 외면하는 태도에서 벗어나자 여자들은 모든 층위에 존재하는 차이라는 현실을 직면할 수 있었다. 그제야 우리는 특권 계급 여성, 특히 백인 여성의 계급 이익을 다른 모든 여성들의 이익보다 앞세우지 않는 페미니즘 운동을 만들어나갈 수 있었다. 우리는 모두가 각자가 처한 현실에 대해 이야기할 수 있는 자매애의 상을 새롭게 제시했다. 페미니즘 사상가들 사이에서 벌어진 인종 논쟁은 변증법적이었다. 운동에 참여한 개개인들이 의견을 나눠 페미니즘의 이론과 실천을 재고하게 만들어갔던 것이다. 이는 동시대의 어느 사회운동에서도 찾기 힘든 광경이었다. 페미니즘 운동의 참여자들이 비판과 도전을 받아들이면서도 정의와 해방의 비전을 실현하기 위해 전적으로 매진

한다는 사실로 이 운동의 강점과 힘을 알 수 있다. 이는 페미니즘 사상가들이 과거 얼마나 그릇된 판단을 했건, 변화하려는 의지와 더불어 투쟁과 해방을 이끌어낼 조건을 만들어내려는 의지만 있다면 그릇된 신념과 전제에 매달리는 일은 일어나지 않음을 잘 보여준다.

수년간 나는 인종 문제의 중요성을 인정하려들지 않는 백인 페미니즘 사상가들의 모습을 목격했다. 그들이 백인우월주의를 내려놓지 않으려는 모습도, 반인종차별주의 페미니즘 운동이야말로 자매애를 현실로 만들어줄 유일한 정치적 토대라는 사실을 받아들이려 하지 않는 모습도 목격했다. 개별 여성들이 백인우월주의 사고에서 벗어나 인종 문제를 비로소 인정하는 순간 겪은 의식의 혁명 또한 목격했다. 이런 멋진 변화들로 페미니즘 운동에 대한 나의 믿음은 되살아났고 모든 여성들을 향한 연대 의식은 더욱 강력해졌다.

페미니즘 사상과 페미니즘 이론은 전반적으로 인종 문제를 통한 비판적인 개입에 힘입은 바가 크다. 유일한 골칫거리는 이론이 실천으로 옮겨지는 과정이었다. 백인 여성 연구자들이 인종 문제를 페미니즘에 반영하기 위해 노력해왔지만, 이러한 통찰이 백인 여성과 유색인종 여성 사이의 일상적 관계에는 그리 영향을 미치지 못했다. 인종차별이 여전한 사회에서 여자들끼리만 반인종차별적으로 교류하기란 쉽지 않다. 다양한 직업을 가질 수 있는 환경임에도 불구하고 사람들은 여전히 자신이 속한 부류하고만 교류한다. 인종차별주의와 성차별주의가 결합된 해로운 장벽들이 여자들을 갈라놓는다. 이런 현실을 바꿔보려는 페미니즘 전략은 아직까지는 그다지 먹히지 않았다.

사랑의 결속과 정치적 연대가 생성되는 공간을 마련하기 위해 고난을 극복해온 백인 여성과 유색인종 여성들에게 우리가 성공적으로 활용했던 기법과 전략들을 공유해야 한다. 인종이 다른 여성들 간의 관계는 거의 알려진 바 없다. 백인 여성들이 유색인종 여성들보다 성차별주의적인 주변 환경에 더 상처받기 쉽다는 사실을 입증하려는 편향적인 페미니즘 연구가 있다. 이는 다른 어떤 집단보다 백인 여성의 관심사와 고통에 더 관심을 쏟아야 하고 그럴 만하다는 백인우월주의자들의 주장을 영구화할 뿐이다. 확실히 유색인종 여성들이 백인 여성들과 다르게 행동할 수 있지만, 그것은 유색인종 여성들이 성차별주의적인 조건을 내면화하고 있다는 의미일 뿐 아니라 돌이킬 수 없을 정도로 성차별주의의 희생자가 되기 훨씬 쉽다는 뜻이기도 하다.

특히 선구적인 흑인 활동가들의 노고가 담긴 페미니즘 운동은, 인종과 인종차별주의를 재고하는 길을 열어 우리 사회 전반에 긍정적인 영향을 미쳤다. 주류 사회비평가들은 좀처럼 이 사실을 인정하지 않지만 말이다. 페미니즘 운동 내부의 인종과 인종차별 문제에 대해 꽤 다양한 글을 써온 페미니즘 사상가로서, 나는 페미니즘 운동 내에 여전히 문제를 제기하고 뜯어고칠 부분이 잔뜩이라는 사실을 잘 알고 있다. 하지만 지금까지 거둔 엄청난 성과를 기리는 일 또한 중요하다. 우리가 거둔 승리의 의미를 반추하고 그것을 본보기로 삼는 일은 반인종차별주의 페미니즘 운동의 대중적 기반을 다지는 데 있어 든든한 토대가 될 것이다.

FEMINISM

11장

폭력
종식하기

IS FOR

EVERYBODY

현대 페미니즘 운동이 개입해 가장 광범위
하고 긍정적인 성과를 거둔 분야는 단연 '가정 폭력'으로
페미니즘 운동은 가정 폭력을 끝장내기 위해 사람들의 사
고방식과 행동을 바꾸려는 노력은 물론, 가정 폭력에 대
해 보다 폭넓은 문화적 인식을 쌓아가고 이를 지속하기
위해 노력을 기울여왔다. 요즘은 대중매체부터 초등학교
에 이르기까지 각계각층에서 가정 폭력에 대해 이야기하
지만 지금도 현재진행형인 가정 폭력의 현실을 극적으로
폭로하고 수면 위로 올린 주역이 바로 현대 페미니즘 운
동이었다는 사실은 묻혀버리곤 한다. 페미니즘 운동이 가
정 폭력에 처음으로 관심을 기울였을 무렵에는 주로 여성

에게 가해지는 남성의 폭력만을 다루었으나 운동이 진전될수록 동성 간에도 가정 폭력이 존재한다는 사실이 밝혀졌다. 여성이 다른 여성에게 학대당했거나 당하고 있고 아이들은 여남을 불문하고 성인인 가장이 휘두르는 폭력에 희생되기도 했다.

가정 내에서 일어나는 가부장제 폭력은, 좀더 힘있는 개인이 다양한 강제력으로 다른 구성원을 통제해도 무방하다는 믿음을 토대로 한다. 이러한 광의의 가정 폭력에는 여성에 대한 남성의 폭력, 동성 간의 폭력, 아동에 대한 성인의 폭력이 모두 포함된다. '가부장제 폭력patriarchal violence'이라는 용어는 흔히 쓰이는 표현인 '가정 폭력domestic violence'과 달리, 듣는 이에게 가정 내에서 자행되는 폭력이 성차별주의와 성차별주의적 사고, 남성중심주의와 이어져 있다는 사실을 계속해서 일깨워준다는 점에서 유용하다. 너무나 오랜 세월 동안 가정 폭력이라는 용어는, 집밖에서 벌어지는 폭력보다는 사적이고, 어떤 점에서 덜 위협적이고, 덜 야만적인, 친밀한 관계에서 일어나는 폭력을 지칭하는 '순화된' 용어로 사용되었다. 그러나 집밖에서보다 집안에서 구타당하고 살해당하는 여성이 더 많으므로 가정 폭력의 실상은 결코 그렇지 않다. 게

다가 대부분의 사람들은 실제로 그렇지 않음에도 가정 폭력을 성인 사이에서 발생하는 것이라 여기고 아동에 가해지는 폭력과는 별개이고 동떨어진 것으로 보는 경향이 있다. 아이들은 남편 혹은 남자친구에게 공격받는 어머니를 보호하려다가 학대당하기도 하고 폭력이나 학대를 목격함으로써 정서적으로 큰 상처를 입기도 한다.

'동일노동 동일임금'이라는 주장을 이 나라 많은 사람들이 받아들이듯이 남자가 여자와 아이들을 때려서는 안 된다는 주장에도 이견이 없다. 그러나 가정 폭력이 성차별주의의 직접적 산물이며 성차별주의가 종식되지 않는 이상 가정 폭력도 사라지지 않을 거라고 하면, 사람들은 이러한 주장의 논리를 선뜻 이해하지 못한다. 젠더에 대한 사고방식이 근본적으로 바뀌지 않았기 때문이다. 나는 페미니즘 운동이 그 어떤 폭력도 거부한다는 광범위한 의제를 표방해야 한다고 믿는 소수의 페미니즘 이론가다. 페미니스트들은 여성에게 가해지는 가부장제 폭력을 우선적 관심사로 삼아야 한다. 하지만 가부장제하에서 자행되는 다양한 폭력 가운데 여성에 대한 남성의 폭력이 가장 끔찍하다는 인상을 주기 위해 이런 유형의 폭력에만 집중한다면 페미니즘 운동을 더 진전시키는 데 도움이 되지 않는다. 상당수의 가부장제 폭력이 성차별주의에 찌든 여남이 아동에게 휘두르는 폭력이라는 현실을 은폐하게 만들기 때문이다.

개혁주의 페미니즘 사상가들은 여성에 대한 남성의 폭력을 어떻게든 부각하기 위해 여성을 언제나 그리고 유일한 피해자로 묘사하곤 한다. 아동에게 지독한 폭력을 휘두르는 가해자 중 여성이 많다는 사실에는 제대로 주목하지 않는 데다, 이것이 가부장제 폭력의 또다른 형태임을 외면한다. 이제 우리는 아이가 가부장제 폭력의 직접적인 대상이 될 때뿐만이 아니라 폭력 행위의 목격자가 될 때도 학대당하는 것과 마찬가지라는 사실을 잘 안다. 모든 페미니즘 사상가들이 여성에 의한 가부장제 폭력에 대해서도 분노해 이를 여성에 대한 남성의 폭력과 동일선상에 놓았더라면, 대중이 가부장제 폭력을 반남성적 의제라고 치부하면서 이를 묵살하기란 어려웠을 것이며 이는 앞으로도 마찬가지다.

아무리 많은 연구 결과에서 여성은 비폭력적인 수단을 사용하는 경향이 많다고 한들 어릴 때 여성에게 가부장제 폭력을 당했던 피해자라면 여성이 비폭력적이지 않다는 사실을 잘 안다. 단지 아동은 여성 폭력의 대상이 되는 자신의 현실에 대해 집단적인 목소리를 쉽사리 내기 힘들 뿐이다. 여자와 남자가 휘두른 폭력으로 수많은 아이들이 의료 시설을 찾은 기록마저 없었다면 여성 폭력을 입증할 증거는 어디에도 없을지 모른다.

나는 『페미니즘—주변에서 중심으로』의 「폭력을 종식하기 위한 페미니즘 운동」이라는 장에서 처음으로 이 문제를 제기했다.

여성에 대한 폭력을 종식하기 위해 지속되어온 페미니즘 투쟁은 모든 종류의 폭력을 종식하기 위한 운동의 일부로 인식되어야 한다. 지금까지 페미니즘 운동은 주로 남성이 저지르는 폭력에 주목했고, 그 결과 남자는 폭력적이고 여자는 그렇지 않다는, 남자는 가해자고 여자는 피해자라는 성차별주의적인 고정관념에 힘을 실어주게 되었다. 이런 고정관념 탓에 우리는 이 사회에서 여성도 (남성과 마찬가지로) 지배하는 쪽이 강하기에 지배당하는 쪽에 힘을 행사해도 된다는 식의 인식을 어느 정도 받아들이고 영구화한다는 사실을 못 본 척한다. 이러한 고정관념은 여성이 다른 사람을 강압적으로 지배하거나 폭력을 행사한다는 사실도 간과하거나 무시하게 한다. 여자가 남자보다 폭력을 덜 행사한다고 해서 여성 폭력의 현실이 사라지는 건 아니다. 폭력을 없애려면 이 사회에서 폭력 사용을 지지하는 집단으로서 남자와 여자를 모두 주시해야만 한다.

어떤 어머니가 직접 폭력을 행사하지는 않더라도 자녀들, 특히 아들들에게 사회 통제를 위해서라면 폭력을 용인할 수 있다고 가르친다면 그 어머니는 가부장제 폭력과 결탁하고 있는 셈이다. 이런 어머니는 사고방식을 바꿔야만 한다.

확실히 대부분의 여성들은 남성을 지배하기 위해 폭력을 행사하지 않지만(소수이긴 하나 남자를 때리는 여자도 있다) 많은 여성들이 권위를 가진 사람이 그 권위를 유지하기 위해 물리력을 행사해도 좋다고 여긴다. 대다수의 부모가 자녀에게 물리적 혹은 언어적 폭력을 가한다. 아이의 일차 양육자는 여성이므로 지배 문화의 위계 체계에 따라 권력을 부여받은 여성들이(이를테면 부모 자식 간처럼) 지배권을 유지하기 위해 강제력을 행사하는 일은 비일비재하다. 현재의 지배 문화는 모두에게 폭력을 사회 통제 수단으로 허용해도 된다는 사고방식을 내면화시킨다. 남녀관계든 부모 자식 간이든 기존의 위계질서가 흔

들리면 지배자들은 (실행에 옮기건 아니건 간에) 언제든지 물리적으로나 정신적으로 폭력적 처벌을 가할 수 있다고 위협하면서 지배를 유지한다.

여성에 대한 남성의 폭력에 대해 언론은 꾸준히 관심을 쏟았다(O. J. 심슨 재판처럼 재판 과정을 실시간으로 중계하기도 한다). 하지만 미국 대중에게 왜 이런 폭력이 일어났는지 근본 원인을 설명하거나 가부장제에 의문을 품도록 하지는 않았다. 성차별주의적 사고는 남성중심주의를 뒷받침하고 그로 인한 폭력을 지지한다. 노동자 계급이면서 실직자인 많은 남성은 백인우월주의-가부장제하에서는 자신의 일에서 권력을 맛보지 못하므로 자신들이 절대적인 권위와 존경을 얻을 수 있는 유일한 장소인 가정에서 대리만족하라고 부추겨진다. 남성들은 지배 계급 남성들에 의해 사회화되어 일터와 같은 공적 세계에서는 지배받지만 가정이나 연인 사이 같은 사적 세계에서는 응당 권위를 누려 남성성을 회복할 수 있다고 믿는다. 실직자나 저임금 노동자로 편입되는 남성들이 많아지고 일터로 나오는 여성들이 늘어날수록, 어떤 남성들은 성차별주의적인 성역할 위계 내에서 자신들이 권력과 지배력을 유지하려면 폭력을 행사하는 수밖에 없다고 생각한다. 어떤 식으로든 남성이 여성을 지배할 권리가 있다고 믿는 성차별주의적 사고를 떨쳐내지 않는 한, 여성에 대한 남성의 폭력은 계속 정상적인 것으로 취급될 것이다.

초기 페미니즘 활동가들은 여성에 대한 남성의 폭력과 제국주의적 군국주의 간의 유사점을 인지하지 못했다. 남성의 폭력에 반대하는 사람조차 때로는 군국주의를 용인하고 심지어는 이를 지지했기 때문이었다. 착한 편에 서서 나쁜 편과 싸우는 상상을 하건 다른 나라에 강제력을 행사하는 제국주의의 병사를 상상하건, 성차별주의적 사고가 소년들을 '킬러'로 사회화하는 한 여성과 아이들에 대한 가부장제 폭력은 사라지지 않을 것이다. 최근 몇 년 동안 다양한 계급 출신의 젊은 남성들이 끔찍한 폭력 행위를 저질렀을 때 이런 행동에 대한 전 국민적 비난은 있었지만 이런 폭력 행위를 성차별주의적 사고와 연관짓는 시도는 찾기 어려웠다.

나는 『페미니즘―주변에서 중심으로』에서 남성만 폭력을 수용하고, 용인하고, 영구화는 게 아니라고, 남성만 폭력의 문화를 만들어내는 게 아니라고 강조하며 폭력에 관한 장을 끝맺었다. 나는 폭력을 용인하는 분위기에 여성도 일익을 담당한다는 사실을 직시하고 이에 책임질 것을 촉구했다.

여성에 대한 남성의 폭력에만 관심을 촉구하거나 군국주의를 남성의 폭력성이 표출된 또다른 방식으로만 치부하면 우리는 폭력 문제를 제대로 파악하고 다룰 수 없으며 실행 가능한 저항 전략과 해결책을 이끌어내기도 어려울 것이다. (…) 여성에 대한 남성의 폭력 혹은 국가나 이 지구에 대한 남성 폭력의 심각성을 축소할 필요는 없다. 그보다는 남성과 여성 모두가 미국문화를 폭력으로 물들였다는 사실을 인정해야 하고 그러한 문화를 변화시키고 재창조하기 위해 노력해야 한다. 전쟁이나 여성에 대한 남성의 폭력, 아동에 대한 성인의 폭력, 십대에 대한 폭력, 인종차별로 인한 폭력 등 어떠한 방식의 폭력이든 사회 통제 수단으로 폭력을 행사한다면 여남을 불문하고 반대해야만 한다. 여성에 대한 남성의 폭력을 종식하기 위한 페미니스트들의 노력은 모든 형태의 폭력을 종식하는 운동으로 확장되어야만 한다.

그리고 특히 부모라면 비폭력적인 방식으로 자식을 양육하는 법을 배워야 한다. 폭력 사용 외에 난처한 상황에 대처하는 다른 방도를 모른다면 우리 아이들은 자라서도 폭력 행사를 저버리지 않을 것이기 때문이다.

　미국 내 수많은 사람들이 폭력 문제를 심각하게 받아들이지만 이 문제를 가부장제 사고나 남성중심주의와 연결 짓기를 단호하게 거부한다. 페미니즘 사상은 이에 대한 유일한 해결책을 제시한다. 그리고 그 해결책으로 모두를 도울 수 있는지 없는지는 우리 손에 달려 있다.

12장

# 페미니즘
# 남성성

현대 페미니즘 운동이 처음 시작되었을 무렵, 운동 내에는 극렬 반남성 분파가 있었다. 이성애자 여성들은 잔인하고, 불친절하고, 폭력적이고, 바람피우기를 일삼는 남성과의 관계에 지쳐 페미니즘 운동에 뛰어들었다. 그런 남성들 가운데는 사회운동에 참가한 급진적 사상가들도 다수 있었는데, 이들은 노동자와 빈곤층의 이익을 대변했으며 인종 간 정의를 옹호했다. 그러나 유독 젠더 문제에서만은 자신들과 대립각을 세운 보수주의자들만큼이나 성차별주의적이었다. 이런 상황에 분노한 여성들은 페미니즘을 찾았다. 그리고 이들은 그 분노를 여성해방운동의 촉매로 활용했다. 운동이 진보하고 페미니즘 사상이 발전하면서 각성한 페미니즘 활동가들은 남성들이 문제가 아니라 가부장제와 성차별주의, 남성중심주의가 진짜 문제라는 걸 깨달았다. 문제가 단지 남성들에게 있지 않다는 사실을 직시하기란 쉽지 않았다. 현실을 직시하려면 좀더 정교한 이론화 작업이 필요했다. 성차별주의가 유지되고 영구화되는 데 여성들도 동참하고 있다는 사실부터 인정해야 했다. 남성과의 파괴적인 관계에 등돌리는 여성들이 늘어날수록 전모를 파악하기가 더 쉬워졌다. 개별 남성들이 가부장제가 부여하는 특권을 내려놓는다 해도 가부장제와 성차별주의, 남성중심주의를 토대로한 체제는 여전히 공고할 테고 거기서 여성들은 계속 착취당하고 억압당할 것이 명백해졌다.

보수적인 대중매체는 끊임없이 여성 페미니스트들을 남성혐오자로 묘사했다. 페미니즘 운동 내에 반남성 분파나 그런 정서가 보인다 싶으면 페미니즘에 흠집을 내기 위해 대중매체는 그 사실을 집중조명했다. 페미니스트를 남성혐오자로 몰아세우는 이면에는 페미니스트가 모두 레즈비언이라는 전제가 깔려 있었다. 미국 사회의 동성애 혐오 정서에 호소하며 대중매체는 남성들 사이에 퍼진 반페미니즘 분위기를 강화시켰다. 현대 페미니즘 운동이 시작되고 10년 가까이 됐을 때에야 페미니즘 사상가들은 가부장제가 어떤 식으로 남성에게 해를 끼치는지 논의를 시작했다. 페미니즘 정치는 남성중심주의를 맹렬히 비판하면서도 그 외연을 넓혀 가부장제가 남성들에게 성차별주의적 남성성이라는 정체성을 부여해 남성들 역시 모종의 권리를 박탈당했다는 인식을 포괄했다.

페미니즘에 반대하는 남성들의 목소리는 언제나 강력한 대중적 힘을 발휘했다. 페미니즘과 페미니스트 활동가들을 두려워하고 증오한 이 남성들은 재빨리 세력을 집결해 페미니즘 운동을 공격했다. 그런데 페미니즘 운동 초기부터 소수이기는 해도 페미니즘 운동이 미국 역사상 남성들이 지지했던 여느 급진적인 운동 못지않게 가치 있는 사회운동이라는 걸 깨달은 남성들이 활동하고 있었다. 이들은 동지로서 우리와 함께 투쟁하고 함께 연대했다. 페미니즘 운동에 참여한 이성애자 여성들은 페미니즘을 받아들이려 애쓰는 남성들과 연인 사이가 되기도 했다. 그들이 페미니스트로 전향하느냐 마느냐로 이 친밀한 관계가 시험대에 오르거나 끝날 위험에 말려들게 되곤 했다.

페미니즘 운동 내의 반남성 분파는 성차별주의에 반대하는 남자들이 존재한다는 사실에 분개했다. 그런 남자들

때문에 모든 남성은 억압자라거나 모든 남성은 여성을 혐오한다는 자신들의 주장이 힘을 잃게 됐기 때문이다. 이런 주장은 억압자/피억압자라는 단순한 범주화로 남성과 여성을 극단적으로 갈라놓음으로써 손쉬운 계급 상승과 가부장제 권력 배분을 노렸던 페미니스트들의 이익과 합치했다. 이들은 모든 여성을 피해자로 재현하기 위해 모든 남성을 적으로 간주했다. 남성에 대한 적대는 일부 페미니스트 활동가들의 계급 특권과 계급 권력을 향한 욕망에 대한 비판을 봉쇄하는 수단이었다. 모든 여성들에게 남성을 거부하라고 요구했던 이 활동가들은 여성이 남성과 공유하는 돌봄의 유대도, 성차별주의자인 남성이 여성을 묶어두는 (부정적이든 긍정적이든) 경제적·감정적 결속도 직시하려들지 않았다.

남성을 투쟁의 동지로 인정하자고 목소리를 높였던 페미니스트들은 결코 대중매체의 관심을 받지 못했다. 남성을 적으로 규정하고 악마화하는 태도를 비판하는 우리의 이론적 연구도 반남성주의자 여성들의 관점을 변화시키지 못했다. 그리고 남성다움에 대한 부정적인 묘사에 대한 반동으로 반여성주의 남성운동이 시작되었다. 나는 '남성해방운동'에 관해 쓰면서 이 운동의 이면에 자리한 기회주의에 주목하라고 이야기했다.

이런 남성들은 자신을 성차별주의의 피해자라고 규정하며 남성해방에 주력했다. 이들은 경직된 성역할이 자신들을 피해자로 만든 근본 원인이라고 했으나, 그들은 남성성에 대한 개념을 바꾸고자 하면서도 여성이 당하는 성차별주의적 착취와 억압에는 그리 관심을 보이지 않았다.

요모조모 살펴보면 남성운동은 여성운동의 가장 부정적인 모습을 빼닮았다.

페미니즘 운동 내에서 반남성주의 분파의 규모는 작았으나 여성 페미니스트는 남성을 혐오한다는 대중의 인식은 쉽게 바뀌지 않았다. 게다가 남성들은 페미니즘을 남성혐오운동으로 규정함으로써 남성중심주의에 쏠리는 관심을 다른 곳으로 돌릴 수 있었다. 페미니즘 이론이 남성성에 대해 좀더 해방적인 비전을 제시했다면, 누구도 이 운동이 반남성주의 성향을 띤다고 호도하지 못했을 것이다. 페미니즘 운동은 남성이 성차별주의에 반대하려면 무엇을 해야 할지나 기존의 남성성이 어떻게 대체되어야 할지 같은 문제에 효과적으로 대처하지 못했기에 다수의 여남을 끌어들이는 데 실패했다. 페미니즘 운동 혹은 남성 운동은 가부장제적 남성성에 대한 대안으로 지금보다 좀 더 '여성화'된 남성성을 내세웠다. 이 여성화라는 개념은 성차별주의적 발상에서 비롯되었기에 애초에 대안으로는 부적절했다.

뭐든 간에 남성성의 비전은 유일무이한 존재로서 자기 자신에 대한 자존감과 자기애를 정체성의 기본으로 삼아야 한다. 지배의 문화는 자존감을 무너뜨리고, 타인을 지배할 때 비로소 존재감을 느낀다는 사고방식이 뿌리내리게 한다. 가부장제 남성성은 남성들에게 그들의 존재 이유, 그들의 자의식과 정체성이 타인을 지배하는 능력에 있다고 가르친다. 이런 현실을 바꾸려면 이 지구를, 권력을 갖지 못한 남성들을, 여성과 아이들을 지배하는 남성 중심주의를 남성들은 비판해야 하고 이에 맞서야 한다. 이와 동시에 페미니즘 남성성이 무엇인지 명확하게 이해해야만 한다. 그것이 어떤 모습인지 알 수 없다면 어떻게 그렇게 되겠는가? 하지만 여성이든 남성이든 페미니즘 사상가들은 아직도 페미니즘 남성성이 무엇인지 명확하게 이해하지 못했다.

사회정의를 위한 혁명적 운동이 그러했듯이, 우리는 해

결책을 제시하기보다 문제를 규정하는 데 더 능하다. 가부장제적 남성성은 남자들을 병적으로 자기도취적이게 하고 유치하게 굴게 하고, 단지 남자로 태어났다는 이유로 주어지는 (어느 정도 상대적인) 특권에 심리적으로 의존하게끔 부추긴다. 많은 남자들이 자기충족적인 핵심 정체성을 세우지 못했기 때문에 이러한 특권이 사라지면 자기 삶이 위협받는다고 느낀다. 그렇기 때문에 남성운동은 남자들에게 어떻게 자신의 감정을 되찾는지를 가르치고 내면의 잃어버린 소년을 되찾아 영적이고 정신적인 성장을 도모하라고 적극적으로 격려했다.

이제껏 남자아이들에게 말을 걸어, 성차별주의에 뿌리를 두지 않은 정체성을 키우는 법을 알려주는 적절한 페미니즘 도서들은 없었다. 성차별주의에 반대하는 남성들이 소년 시절, 특히 사춘기 남자아이들의 성장에 중심을 두고 비판 의식을 일깨우는 교육을 한 적은 없다. 이러한 교육의 공백으로 인해 이제 남자아이의 양육에 대한 논의가 전 국민적 관심사로 대두해도 거기에 페미니즘적 관점은 낄 자리도 없고 설사 일부를 차지한대도 거의 찾기 힘들었다. 비극적이게도, 우리는 엄마는 아들을 온전하게 키울 수 없고, 사내아이들은 규율과 권위에 대한 복종을 강조하는 가부장제 군국주의적 남성성의 '도움'을 받아야 한다는 위험한 여성혐오적 명제가 부활하는 모습을 지켜보고 있다. 남자아이들에게는 건강한 자존감이 필요하다. 그들에겐 사랑이 필요하다. 그리고 현명하고 자애로운 페미니즘 정치라면 남자아이들의 삶을 구원하는 유일한 토대를 제공할 수 있다. 가부장제는 그들을 치유하지 않는다. 가부장제가 그럴 수 있었다면, 남자아이들은 모두 문제 없이 잘 성장했을 것이다.

미국 대다수 남성들은 자기 정체성이 본질적으로 잘못되었다고 느낀다. 설령 가부장제에 매달린다고 해도 그것이 문제의 일부라는 사실을 감지하기 시작하고 있다. 일자리가 없고, 일한 만큼 보상도 받지 못하고, 여자들이 더 많은 계급 권력을 쥐는 상황에서 돈 없고 힘없는 남자들은 자기 위치를 제대로 파악하기 쉽지 않다. 백인우월주의-자본주의-가부장제는 결코 자신의 약속을 책임지지 못한다. 수많은 남성들은 가부장제의 약속이 실은 불의와 지배에 뿌리를 두며 약속이 지켜진대도 자기네를 영광에 이르도록 해주지 않는다는 진실을 직시하게 해주는 해방적 비판에 참여하지 않고 있기에 괴로워한다. 남성들이 애초에 그들의 영혼을 말살해버린 백인우월주의-자본주의-가부장제의 사고방식을 되새기며 해방운동을 맹비난하는 동안 그들의 마음은 소년 시절에 그랬듯이 길을 잃고 헤맨다.

소년과 남성을 보듬어안으면서, 소녀와 여성이 꿈꾸는 모든 권리를 소년과 남성도 누려야 한다고 요구하는 페미니즘 남성성을 수용하는 페미니즘이라면 미국 남성들을 새로 태어나게 할 수 있다. 특별하게도 페미니즘적 사고는 우리 모두에게 삶을 돌보고 긍정하는 방식으로 정의와 자유를 사랑하는 법을 가르쳐준다. 그러므로 우리에게는 페미니즘 남성성이 널리 인정받는 세상을 만드는 법을 보여줄 새로운 전략, 새로운 이론, 길잡이가 꼭 필요하다.

13장

# 페미니스트
# 부모되기

아동 문제에 대한 페미니즘적 접근은 현대 급진주의 페미니즘 운동을 구성하는 핵심 요소였다. 여성들은 성차별주의적으로 아이를 키우지 않음으로써 더이상 반성차별주의 운동이 필요 없는 미래 세상을 꿈꾸었다. 처음에는 주로 성차별주의적 성역할과 아이들이 태어나자마자 성역할이 고정되는 방식에 주로 관심을 기울였다. 페미니스트들은 항상 여자아이에게 집중되는 성차별주의적인 편견에 대한 공격 그리고 대안 이미지 제시에 노력을 집중했다. 때때로 페미니스트들은 남자아이를 성차별주의에 물들지 않게 키워야 한다고 주의를 촉구하기도 했다. 그러나 남성 가부장제에 대한 비판은 모든 남성이 모든 여성보다 더 많은 혜택을 누린다는 식의 주장으로 흘렀다. 남자아이들이 언제나 더 많은 특권과 권력을 쥔다는 전제는 페미니스트들이 여자아이에게 우선적으로 관심을 갖게끔 계속 부채질했다.

페미니즘 사상가들이 맞닥뜨리는 주요 난관 중 하나는, 가족 내 성차별주의의 주요 전파자가 대개 여성 양육자라는 사실이었다. 성인 남성 양육자가 없는 가정에서도 여성들은 자녀에게 성차별주의적 사고를 주입해왔고 이는 지금도 그러하다. 역설적이게도 여성이 가장인 가정은 으레 모권 중심적일 것이라고 쉽게 단정한다. 실제로는 가부장제 사회에서 가장인 여성들은 집안에 남성이 없다는 사실에 죄의식을 느끼고 자녀들, 특히 남자아이들에게 성차별주의적 가치를 전수하기에 더욱 열을 쏟는다. 최근 들어 보수적인 주류 전문가들은 편모는 남자아이를 제대로 양육할 수 없다고 하면서, 이를 인종과 계급을 막론하고 젊은 남성들이 폭력을 행사하는 근본적인 원인으로 꼽는다. 물론 이는 전혀 사실이 아니다. 우리 사회에서 가장 자애롭고 동시에 강인한 남성들 중 편모 가정에서 자란 사람들도 많다는 사실로 이를 알 수 있다. 같은 이야기지만, 많은 이들이 여자 혼자 아이를, 특히 아들을 키우는데 어떻게 그를 가부장적인 남성으로 키우겠느냐고 생각한다. 이 또한 결코 사실이 아니다.

백인우월주의-자본주의-가부장제적 지배의 문화에서 아이들은 권리를 누리지 못한다. 페미니즘 운동은 미국 사회운동 가운데 우리의 문화가 아이들을 사랑하는 문화가 아니며 부모가 자식을 자기 의지대로 조종하는 소유물로 본다는 사실에 주목한 최초의 운동이다. 우리 사회에서는 성인이 아이에게 폭력을 행사하는 일이 흔하다. 문제적인 것은, 대부분의 페미니즘 사상가들은 일상적으로 아이들에게 가해지는 폭력의 주범이 주 양육자 여성인 경우가 많다는 현실에 관심이 쏠리는 것을 원치 않아 했다는 사실이다. 페미니즘 운동이 가정에서의 남성중심주의 때문에 성인 남성이 아동을 성적으로 학대할 수 있는 상황이 조성되기도 한다는 사실을 드러낸 것은 대단히 중요하고 가히 혁명적인 성과이지만 사실 수많은 아동이 성인 여남 모두에게 언어적 육체적 폭력에 일상적으로 시달리고 있다. 모성적 가학증maternal sadism은 종종 어머니가 아이를 감정적으로 학대하는 상황으로 이어지는데, 아동에 대한 성인 여성의 폭력이라는 문제에 대해 페미니즘이 어떻게 비판과 개입을 할 수 있는지 아직 이론적으로 제시된 적은 없다.

아동이 인권을 누리지 못하는 지배의 문화에서는 힘있는 사람들이, 다시 말해 성인 남성과 여성이 독재하듯 아이를 지배할 수 있다. 의료 기록을 통해 이 사회의 아이들이 매일 학대당한다는 사실을 알 수 있다. 게다가 그런 학대 중 상당수가 목숨을 위협할 정도로 심각한 수준이다. 많은 아이들이 죽어간다. 여성들 또한 이런 폭력의 영구화에 결코 남성 못지않게 기여했다. 성인 여성이 아동에게 폭력을 행사한다는 사실을 페미니즘 운동이 직시하려 들지 않으면 페미니즘 이론과 그 실천 사이에 심각한 간극이 생긴다. 남성중심주의만 강조하면 페미니즘 이론가들을 포함한 여성들이 여자가 다양한 형태로 아동을 학대하는 현실을 쉽사리 무시하게 한다. 우리 모두 가부장적 사고에 익숙해 힘있는 자가 힘없는 자를 지배할 권리가 있으며 어떤 수단으로든 힘없는 사람을 복종하게 만들 수 있다는 지배의 윤리학을 자연스레 받아들일 정도로 사회화되었기 때문이다. 이에 백인우월주의-자본주의-가부장제의 위계질서 안에서 여성에 대한 남성의 지배가 용인되듯 아이에 대한 어른의 지배도 용인된다. 그리고 어느 누구도 아이를 학대하는 어머니에게 관심이 쏠리기를 진심으로 원치 않는다.

나는 이따금씩 예전에 참석했던 근사한 파티에서 있었던 일을 이야기하곤 한다. 파티 참석자 중에 어린 아들을 훈육한다며 아이가 말을 들을 때까지 아이의 여린 살을 세게 꼬집고 놓아주지 않는 어떤 여자가 있었다. 그리고 이를 본 사람들은 아이를 엄하게 키운다며 이구동성으로 그녀를 칭찬했다. 나는 그녀의 그런 행동이 바로 아동학대라고 지적하면서 그녀는 그 남자아이가 훗날 여성을 학대하는 남성으로 자라도록 씨앗을 뿌리는 셈이라고도 말했다. 내 이야기를 듣던 사람들에게 이 점을 확실하게 짚었다. 만약 어떤 남자가 여자의 행동을 통제하기 위해 그녀를 세게 꼬집으며 힘으로 제압한다고 이야기했다면 곧바로 이를 학대라고 인지했을 것이다. 하지만 상처 입는 대상이 아동일 경우, 이런 부정적인 지배를 용인한다. 이런 일은 예외적인 사건이 아니다. 아동에 대해 이보다 훨씬 더 가혹한 폭력이 어머니에 의해 아버지에 의해 매일 자행되고 있다.

이 나라의 아이들은 진정 위기에 직면해 있다. 페미니즘이 이끌어낸 변화와 가부장제 사고가 충돌하면서 집집마다 남성의 지배를 정상으로 여겼던 시절보다 가정이 더 더욱 치열한 전장으로 변하고 있기 때문이다. 페미니즘 운동을 촉매로 가부장제 가정에서 남성이 아동을 성적으로 학대했으며 지금도 마찬가지라는 사실이 폭로되었다. 이러한 폭로는 페미니즘 운동에 참여한 성인 여성들이 심리치료를 받는 과정에서 자신들이 학대의 생존자임을 인지하고 이 문제를 치료 과정이라는 사적인 장에서 공론의 장으로 끌어내면서 시작되었다. 이런 폭로 덕에 현재 벌어지는 학대에 아이들이 능동적으로 맞설 수 있는 윤리적 도덕적 분위기가 형성되었다. 하지만 단순히 아동에 대한 남성의 성적 학대에만 주의를 촉구하는 것으로는, 이러한 학대가 남성중심주의와 직결되며 가부장제가 사라지지 않는 한 계속될 것이라는 인식을 대중이 받아들일 만한 분위기를 조성할 수 없었다. 아동에 대한 남성의 성적 학대는 여성에 의한 학대보다 많이 일어나며 더 많이 보도되지만, 그렇다 해도 아동에 대한 여성의 성적 학대도 남성의 학대만큼이나 심각하다는 사실을 인식해야 한다. 그리고 페미니즘 운동에서도 남성의 학대 행위를 비판하는 만큼 학대를 일삼는 여성 역시 철저하게 비판해야 한다. 성적 학대뿐 아니라 아동에 대한 폭력은 다양한 방식으로 행해진다. 그중 가장 일반적인 형태가 언어 폭력과 정신적 학대다.

모욕을 줘서 수치심을 느끼게 하는 행위는 또다른 학대를 낳는 토대가 된다. 남자아이들은 주로 성차별주의적 남성성 규범에 맞지 않는 행동을 할 때 이런 학대의 대상이 된다. 그들은 대개 성차별주의자인 성인들(특히 어머니들)과 다른 아이들에게 창피를 당한다. 만약 남성 양육자가 반성차별주의적인 사고와 행동이 밴 사람이라면 아이들은 일상에서 페미니즘을 경험할 수 있다. 페미니즘 사상가와 활동가들이 아이들에게 성차별주의적 편견이 행동을 판단하는 기준이 되지 않는 교육 현장을 제공할 수 있다면 소년들과 소녀들은 건강한 자존감을 키울 수 있다.

페미니즘 운동은 아이들을 위한 다양한 활동을 전개했는데, 단지 젠더 평등을 이루기 위해서만이 아니라 아이와 더 좋은 관계를 맺기 위해 남성도 육아에 똑같이 참여해야 한다는 문화적 인식을 일궜다는 점이 가장 긍정적인 성과일 것이다. 미래의 페미니즘 연구는 반성차별주의자 남성의 육아가 아이들의 삶의 질을 어떻게 향상했는지 그 모든 것을 증명할 것이다. 동시에 우리는 페미니즘 육아 전반에 대해서, 반성차별주의적 환경에서 자녀를 양육할 수 있는 현실적인 방안에 대해서, 그리고 무엇보다 이런 가정에서 자란 아이들이 훗날 어떤 사람이 되는지에 대해서 연구해야 한다.

선구적인 페미니즘 활동가들은 모성애와 어머니로서의 여성의 노고를 인정하는 차원 높은 문화를 조성하기 위해 꾸준히 노력해왔으면서도 남성 양육자의 중요성과 가치를 절대 간과하지 않았다. 남성의 육아 참여에 대한 찬사를 여성의 어머니 역할의 긍정적인 면을 폄훼하고 평가절하하는 것으로 받아들인다면 결국 피해를 보는 쪽은 여성이다. 페미니즘 운동이 시작됐을 무렵 페미니스트들은 육아를 여자들을 좀더 자유롭게 만들고 자신을 더 긍정하게 이끄는 계기가 되어줄 직업과 대척점에 놓고서는 어머니 역할을 격렬하게 비난했다. 그러나 1980년대 중반 몇몇 페미니즘 사상가들이 어머니 역할을 경시하고 임금노동을 과대평가하는 풍조에 맞섰다. 『페미니즘—주변에서 중심으로』에서 이 주제에 대해 이렇게 정리했다.

여전히 성차별주의가 만연하고, 개인 간에 질투와 불신, 적대감, 악의를 조장하는 불필요한 경쟁이 이루어지는 사회 풍조에서의 노동으로 인해 스트레스를 받고 좌절감을 느끼며 때로는 완전히 불만족스러워진다. (…) 임금노동을 즐기고 좋아하는 여성들이 많지만, 그들은 이 일에 시간을 너무 뺏겨 다른 만족감을 추구할 여유가 없다고 느낀다. 일을 하는 덕분에 어느 정도 경제적으로 독립을 하거나 경제적 자립까지도 할 수 있대도, 대다수의 여성들은 일에서 인간적인 욕구를 온전히 채울 수 없었다. 그 결과 여성들은 누군가를 돌보면서 만족감을 얻을 수 있는 일을 찾는 과정에서 가족의 중요성과 어머니 역할의 긍정적인 측면들을 재평가하게 되었다.

역설적이게도 페미니즘 사상가들이 어머니 역할을 좀더 균형 있게 그리려고 노력을 기울이자 주류 가부장제 문화가 한부모 가정 특히 여성이 가장인 가정에 대해 맹비난을 퍼부었다. 이러한 비난은 복지 문제와 관련될 때 특히 혹독했다. 싱글맘들이 정부에서 받는 보조금이나 쥐꼬리만한 임금으로도 얼마나 수완 좋게 아이를 키우는지 보여주는 자료를 싹 무시한 채, 가부장제 문화는 유독 문제 있는 편모 가정을 골라 그게 일반적인 양 비난하고는 이 가정에 가장이자 수장으로 남자가 있어야만 이런 문제를 해결할 수 있다고 주장했다.

페미니즘에 몰아닥친 역풍 가운데 싱글맘에 대한 사회적 비난만큼 아동 복지에 해로운 것도 없었다. 그 어떤 가족 형태보다 어머니와 아버지로 구성된 가부장제 가족을 높게 치는 문화 속에서 자라는 아이들은 자기네 가족이 일반적인 가족 형태에 부합하지 않을 때 심리적으로 불안정해진다. 남성이 가장이라 한들 문제가 없는 것도 아니며 아동 복지가 더 잘 이뤄지는 것도 아니라는 사실을 보여주는 증거가 아무리 많아도 가부장제 가정을 이상화하는 인식은 여전히 공고하다. 아이들은 사랑이 가득한 환경에서 자라야 한다. 지배자가 존재하는 환경에서라면 사랑은 꽃피울 수 없다. 부모가 혼자든 아니든, 동성애자든 이성애자든, 가장이 여성이든 남성이든 사랑이 넘치는 부모라면 자신의 아이를 자존감을 가진 건강하고 행복한 아이로 키우고 싶어할 것이다. 앞으로의 페미니즘 운동에서는 세상의 부모들에게 성차별주의를 종식하는 것이 어떻게 가족의 삶을 행복하게 만드는지 보여줘야 한다. 페미니즘 운동은 가족 친화적이다. 남성이든 여성이든 성인이 가부장제적으로 아이를 지배하지 않아야 비로소 아이가 안전할 수 있고, 자유로울 수 있고, 사랑을 배울 수 있는 가정을 꾸릴 수 있다.

14장

# 결혼과
# 동반자 관계를
# 해방하기

현대 페미니즘 운동이 정점을 찍었을 때 결혼생활 역시 격렬한 비판을 받았다. 다수의 이성애자 여성들이 페미니즘 운동에 뛰어든 배경에는, 친밀한 관계 특히 젠더 차별이 일상적으로 벌어지는 오랜 결혼생활에서 경험한 남성중심주의가 자리했다. 페미니즘 운동은 시작 단계에서부터, 숫처녀가 아니거나 연인이나 배우자에게 충실하지 않은 여성은 비난하면서도 남자는 성적 욕망을 품거나 그 욕망을 행동으로 옮겨도 용인하는 섹슈얼리티에 대한 이중잣대와 충돌했다. 성해방운동은 결혼제도에 대한 페미니스트들의 비판을 더욱 고취시켰으며 특히 안전하고 저렴한 피임에 대한 요구는 더욱 거세졌다.

초기 페미니즘 활동가들은 사적인 유대와 가족관계 문제에 많은 관심을 쏟았는데, 그도 그럴 것이 계급과 인종을 불문하고 가부장적인 부모로부터든 남편으로부터든 이런 관계에서 여성들이 남성중심주의의 맹공을 받기 때문이었다. 어떤 여자가 성차별주의적인 남성 상사나 자신을 지배하려는 타인의 시도에 적극적으로 맞선다 해도 막상 집에서는 동반자의 뜻에 굴복할 수도 있다. 오랜 결혼생활의 속박에서 벗어난 이성애자 여성들과 레즈비언들의 연대로 이루어진 현대 페미니즘 운동은 결혼생활을 또 다른 형태의 성노예제라고 비판했다. 그들은 친밀함과 보호, 존중 같은 요소를 제물로 남성이 가정을 지배하는 우두머리가 되는, 결혼이라는 전통적인 성차별적 결합을 집중조명했다.

초기 많은 여성 페미니스트들은 남성들의 변화 가능성에 대해 회의적이었다. 어떤 이성애자 여성들은 성차별주의자 남성들과 불평등한 관계를 맺느니 차라리 독신이나 레즈비언이 되겠다고 결심했다. 어떤 이들은 일부일처제 때문에 여성의 몸이 결혼한 남자의 소유물이라는 인식이 강화된다고 보았다. 우리는 비非일부일처제를 선택하거나 결혼 자체를 거부하기도 했다. 우리는 비록 가부장제 사회일지라도 국가가 승인하는 결혼을 택하지 않고 남성 파트너와 함께 살면 남성들이 여성의 자주성에 대해 건전한 존중심을 표하리라 믿었다. 페미니스트들은 성노예제를 끝장내자는 주장을 지지했고, 부부간 성폭행에 관심을 가질 것을 촉구하면서, 그와 동시에 여성이 성적 욕망을 당당하게 표현하고 성관계를 요구할 권리와 성적 만족을 추구할 권리를 옹호했다.

정숙한 여자는 성에 관심이 없어야 한다고 배우며 자랐기에 섹스에 무관심해진 동반자와는 만족스러운 섹스를 할 수 없다는 바로 그 이유 때문에 페미니즘 사고를 받아들인 이성애자 남성들도 많았다. 이 남성들은 페미니즘 운동이 여성 배우자에게 성에 대해 해방적인 패러다임을 제시해주었기에 더 만족스러운 성생활을 누릴 수 있게 되었다며 고마워했다. 페미니즘 사상가들은 여성의 성생활로 여성의 도덕성을 재단하려는 생각들을 불식시킴으로써 처녀가 아닌 여성에게 찍는 낙인을 없앤 것만이 아니었다. 그들은 여성의 성적 만족감을 남성의 만족감만큼이나 중요하게 보았다. 페미니즘 운동은 여성에게 성적으로 만족하지 못했을 때 굳이 좋은 척하지 않아도 된다고 설득했는데 이런 주장은 남성의 성적 결함을 폭로하겠다고 위협한 셈이었다.

이런 위협을 잠재우기 위해 성차별주의자 남성들은 대부분의 페미니스트들이 레즈비언이라거나 '끝내주는 씹'이면 어떤 페미니스트든지 제정신을 차릴 것이라고 끊임없이 주장했다. 실제로 페미니즘의 반란으로 인해 가부장제적인 관계에서 남성과의 성관계에 만족하지 못하는 여성들이 많다는 사실이 드러났다. 친밀한 유대관계에 있어서도 대부분의 남성들은 남자들에게 성적 행동 패턴을 바꾸라는 요구보다는 여성을 성적으로 더 능동적으로 바꾼, 여성 섹슈얼리티의 페미니즘적 변화를 더 기꺼이 받아들였다. 페미니즘의 의제로 이성애 문제가 떠올랐을 때 수없이 논의된 주제가 바로 전희 없는 섹스였다. 이성애자 여성은 남성의 강압적이고 여성의 즐거움을 배려하지 않는 섹스에 넌덜머리가 난 상태였다. 페미니즘이 여성의 성적 쾌락을 중요시한 덕분에 여성들은 남성의 성적 행동을 비판하고 이에 맞설 수 있는 언어를 갖게 됐다.

성적 자유 면에서 여성들은 괄목할 만한 성과를 거두었다. 일부일처제에 대한 비난은 성병의 유행으로 여성이 자유분방한 성생활을 누리기가 어려워지자 서서히 잊혀갔다. 남성이 여성을 속이는 것이 용인되는 가부장제 문화에서 에이즈처럼 남성이 여성에게 옮기기가 더 쉬운 치명적인 질병들이 출현하자 이성애자 여성은 다양한 파트너를 고르기가 더 힘들어졌다. 명백하게도, 가부장제하의 이성 간의 결합에서 일부일처제를 강조할수록 커플은 성차별주의적 패러다임을 벗어나기가 더 힘들다. 게다가 수많은 여성 페미니스트들은 가부장제하에서는 일부일처제를 벗어난 여성은 피해를 입는 반면 남성은 간단히 더 많은 권력을 얻는다는 사실을 알게 되었다. 설령 여성들이 다른 짝이 있는 남성과도 스스럼없이 섹스할 수 있다 하더라도, 남성들은 짝이 있는 여성에게 성적 흥미를 보이지 않는다. 혹여 관심을 갖더라도 그 여성의 짝인 남성에게 계속해서 특권을 양도하며 심지어 그녀와 사귀려 할 때 상대 남성에게 허락을 받으려고까지 한다. 이런 골치 아픈 문제들에도 불구하고, 일부일처제를 거부할 자유가 있는 여성들은 그러한 자유를 누리든 아니든, 여성의 몸이 남성의 소유라는 통념에 계속해서 반기를 들고 그러한 통념을 없애기 위해 애쓰고 있다. 페미니즘 운동이 성적 쾌락에 대한 성차별주의적 통념을 비판함으로써 긍정적인 변화를 이끌어냈듯이, 이 또한 여성과 남성이 좀더 만족스러운 성적 관계를 즐길 수 있는 세상을 만드는 데 일조했다.

성적 유대관계에 일어난 본질적 변화는 남자도 집안일과 육아를 똑같이 분담해야 한다는 의식 변화 같은 가정 내에서의 다른 변화로 이어졌다. 요즘은 실제로 하든 안 하든 간에 남자도 가사노동을 분담해야 한다고 생각하는 남성들이 많다. 젊은 여성들도 가사노동 분담을 토론거리로도 보지 않는다. 그들에겐 가사노동 분담이 당연한 것이기 때문이다. 물론 현실에서는 가사노동 분담은 전혀 당연한 일이 아니며 여전히 대다수의 여성이 육아와 집안일을 전담하고 있다. 대체로 남자들은 집안일과 육아에 대한 평등보다는 침실에서의 평등을 더 기꺼이 인정하고 수용했다. 일단 계급 권력을 얻게 된 개별 여성이 자신도 하기 싫고 남성 동반자도 하려들지 않는 가사노동을 도우미를 고용함으로써 불평등 문제를 해소하는 경우가 많다는 사실은 전혀 놀랍지 않다. 하지만 이성애자 커플이 도우미를 고용해 성차별주의적 관점에서 '여성의 일'로 규정되는 일을 처리할 때, 대개 그 피고용인을 결정하고 관리하는 건 여성의 몫이다.

여성의 삶에 유일하게 만족감을 주는 삶의 목적으로 여겨지던 어머니 역할에 대한 비판만큼 결혼과 장기적인 동반자 관계의 본질을 변화시킨 요소도 없었다. 여성의 가치가 더이상 출산을 하느냐 양육을 하느냐로 결정되지 않게 되자, 자녀를 원치 않는 맞벌이 부부가 동등하게 결합하는 평등결혼peer marriage을 꿈꿀 수 있게 되었다. 아이가 없는 부부는 더 쉽게 동등해질 수 있었는데, 그도 그럴 것이 가부장제 사회에서는 어떤 일은 자동적으로 어머니의 할 일로 못박다보니 여성이 육아에서 젠더 평등을 이루기가 더 힘들기 때문이다. 예를 들어, 페미니즘 운동이 활기를 띠자 그전만 해도 모유 수유를 경시하던 가부장제적 의료계가 갑자기 모유 수유에 대해 긍정적으로 바뀌고 나아가 집요하게 강요하기 시작했다. 이것은 이성애자든 레즈비언이든 상관없이 아이를 낳는 여성에게 자동적으로 더 많은 육아 책임을 지우는 실례 중 하나일 뿐이다. 확실히 남성과 관계를 맺고 있는 많은 여성들은 아기가 태어나고 그들의 관계가 좀더 성차별주의적인 것으로 추락한 경험을 겪었다. 하지만 커플들이 특히 육아 문제를 비롯해 모든 분야에서 평등해지기 위해 노력한다면 평등은 실현될 수도 있다. 물론 그러려면 열심히 노력해야 한다. 그러나 대부분의 남자들은 육아를 열심히 하지 않는 편을 택했다.

아동 복지와 젠더 평등의 관점에서 남성의 육아 참여가 지니는 가치와 중요성을 환기한 것은 페미니즘 운동이 거둔 긍정적인 성과였다. 남성이 육아를 분담할 경우, 두 사람이 결혼을 했든 동거를 하든 따로 살든 간에 남성과 여성의 관계는 더 좋아진다. 페미니즘 운동 덕분에 예전에 비해 육아에 참여하는 남성들이 훨씬 많아졌으나 아직은 젠더 평등 비슷한 것도 이루지 못했다. 그리고 우리는 이렇게 육아를 똑같이 분담하면 육아를 더 긍정적이고 성취감 있는 경험으로 받아들이게 된다는 사실을 잘 안다. 물론 일하는 부모, 특히 남성의 경우는 업무 부담 때문에 육아에 더 참여하고 싶어도 현실의 벽에 가로막히곤 한다. 업무를 탄력적으로 수행할 수 있도록 대대적인 변혁을 꾀하지 않는다면, 남성이 육아에 자신의 시간과 공간을 할애하도록 삶을 꾸릴 수 있는 세상에서 살지 못할 것이다. 이런 세상에서라면 남성들이 육아에 좀더 열성을 보일 것이다. 하지만 그런 날이 오지 않는 한, 일한 만큼의 봉급도 못 받으면서 과로에 시달리는 수많은 남성 노동자들은 여성들도 마찬가지로 과로에 시달리고 일한 만큼 돈을 받지 못한대도 한 치의 망설임도 없이 여성에게 육아를 떠맡길 것이다. 백인우월주의-자본주의-가부장제 아래의 노동 현실에서는 여성이 육아에 충실할 수도 없다. 현실이 이렇다보니 일을 계속할 수도 있었을 여성들이 집에 들어앉게 되었다. 여성들을 직장에서 쫓아내고 집으로 돌려보내는 것은 남성중심주의에 기반한 성차별주의 사고라기보다 우리가 '부모 없이 자라는' 아이들의 사회를 만들고 있다는 두려움이다. 많은 여성들이 경쟁적인 출세지상주의에 쫓겨 사랑하는 이들을 보살필 시간이 거의 없다는 사실을 깨닫는다. 누구도 남성에게 육아 전담을 위해 직장을 관두라고 하지 않는 것만 봐도 이 사회에 성차별주의적인 성역할이 어느 정도 만연해 있는지 잘 보여준다. 우리 사회의 많은 이들이 여전히 여성이 남성보다 더 육아에 적합하다고 믿는다.

상당수의 여성들이 한편으로는 모성의 가치를 폄훼하면서도 다른 한편으로는 특히 부모와 아이의 유대감 같은 모성이 주는 특별한 지위와 특권을 누렸기에, 페미니즘 사상가들의 바람만큼 육아에서 얻는 자부심을 남성들에게 쉽사리 내주려 하지 않았다. 어떤 페미니즘 사상가들은 다른 모든 분야에서는 생물학적 결정론을 비판하면서도 어머니되기에 관해서만은 생물학적 결정론에 기댔다. 그들은 육아에서 어머니만큼 아버지의 역할이 중요하며 아버지도 어머니만큼 아이를 잘 키울 수 있다는 생각을 전적으로 받아들이지 못했다. 성차별주의적 사고가 만연한 상황에 이러한 모순까지 더해지니, 육아 문제에 맞닥뜨리면 젠더 평등을 주장하는 페미니스트의 목소리에 힘이 실릴 리 만무했다.

요즘 들어 대중매체는 끊임없이 결혼이 다시 유행한다는 메시지를 퍼뜨리고 있다. 결혼은 결코 구닥다리 유물이 아니었다. 결혼이 다시 유행한다고 할 때 그 진짜 의미는 성차별주의적 의미가 강화된 결혼이 다시 '돌아왔다'는 것이다. 예나 지금이나 성차별주의적 토대 위에 세워진 결혼은 속부터 곪아 있으며 그 관계가 오래가기 힘들다는 게 명백하므로 페미니즘 운동은 이런 현실로 애를 먹고 있다. 성차별주의를 바탕으로 하는 전통적인 결혼이 점점 더 성행하고 있다. 이런 결혼은 가정에서 페미니즘 반란의 촉매로 작용할 불행과 불만의 씨앗을 품고 있는 한편, 이러한 결속이 순식간에 끊어지는 경우가 잦다는 점에서 과거의 결혼과는 다르다. 요즘 사람들은 젊은 나이에 결혼해서 젊은 나이에 헤어진다.

결혼과 동반자 관계에서 나타나는 가부장제 남성중심주의는 우리 사회에서 결별과 이혼을 낳는 일등공신이었다. 성공적인 결혼생활을 다룬 최근 연구들을 보면, 하나같이 젠더 평등이 두 사람이 서로를 긍정하게 하는 환경이 된다고 한다. 이러한 긍정은 더 큰 행복을 만들어내고 설령 그 결혼이 영원히 지속하지 않을지라도 유대의 토대가 된 동지로서의 우정은 계속 유지된다. 앞으로의 페미니즘 운동은 가부장제 결혼생활에 대한 비판에 시간을 덜 쏟는 대신 대안 제시에 더 주력할 것이다. 평등과 존중이라는 원칙, 그리고 동반자 관계를 실현하고 오래 지속하려면 상호 만족과 성장이 필수라는 믿음의 원칙 위에 세운 동료애적 관계peer relationships의 가치를 알리는 데 힘쓸 것이다.

FEMINISM

15장

# 페미니즘 성정치
## 상호자유의 윤리학

IS FOR

EVERYBODY

페미니즘 운동이 일어나기 전, 성해방운동이 일어나기 전에는, 대부분의 여성들이 왕성한 성적 활력을 드러내기란 불가능한 일까지는 아니더라도 무척 어려운 일이었다. 여성은 태어나는 순간부터 성차별주의적 사고를 주입받는다. 즉 성욕과 성적 쾌락은 늘 그리고 오로지 남성의 전유물이며 여성으로서의 덕목을 지니지 못한 여성들이나 성적 욕구나 갈망을 드러내는 거라고 배운다. 성차별주의적 사고는 여성을 성녀 또는 창녀로만 구분했으며 여성이 건강한 성적 자아를 구축할 만한 토대는 존재하지 않았다. 다행스럽게도 페미니즘 운동은 곧장 전형적이고 성차별주의적인 성에 대한 고정관념에 맞섰다.

마침 그 무렵 미국 역사상 처음으로 누구나 믿을 만한 피임기구를 쉽게 구하게 되었다는 점도 운동에 유리하게 작용했다.

믿을 만한 피임기구가 등장하기 전에는 여성이 성적으로 자기주장을 하는 경우 언제나 원치 않은 임신과 불법적인 임신중단의 위험이라는 '징벌'로 이어졌다. 믿을 수 있는 피임기구가 존재하기 이전의 여성들이 감내해야 했던 각종 성병과 공포를 세상에 알려줄 증거들을 우리는 충분히 모으지 못했다. 여성이 섹스할 때마다 임신의 위험을 감수해야 하는 세상, 남성은 섹스를 원하고 여성은 그걸 두려워하는 세상이라니 나로서는 떠올리는 것만으로도 공포스럽다. 이런 세상에서 욕망하는 여성은 자신의 욕망과 두려움이 겹쳐진다는 사실을 알았을 것이다. 우리는 남성의 성적 접근을 여성들이 어떤 방법으로 물리쳤는지, 지속적인 부부간 성폭력에 여성들이 어떻게 대응했는지, 원치 않은 임신을 처리하기 위해 어떻게 죽음까지 무릅썼는지에 대해 알려줄 자료를 충분히 축적하지 못했다. 하지만 우리는 페미니즘 성혁명의 등장으로 말미암아 여성 섹슈얼리티의 세계가 완전히 바뀌었다는 사실은 잘 안다.

엄마들이 감내했던 성적 고통과 괴로움, 성에 대한 지독한 두려움과 증오를 목격해왔던 우리가 더욱 주체적으로 성적 욕망을 표현하게 됨과 동시에 자유와 쾌락, 환희를 약속하는 페미니즘 운동에 뛰어들게 되다니 실로 근사했다. 요즘에는 여성이 성욕을 표현할 때 이를 가로막는 장애물이 별로 없기에 우리 문화에서 가부장제가 여성의 몸과 섹슈얼리티에 퍼부은 공격에 대한 역사적인 기억은 삭제돼버릴 위험이 있다. 이렇게 기억이 희미해진 틈을 타 임신중단권을 불법화하려는 세력은 임신중단 수술 금지가 여성의 섹슈얼리티에 얼마나 치명적으로 작용할지 제대로 논의도 않은 채, 태아를 죽일지 말지에만 초점을 맞추려고 기를 쓴다. 우리는 여전히 성적 쾌락이라고는 모르는, 섹스가 오로지 상실이자 위험, 위협, 소멸인 줄 아는 세대의 여성들과 함께 살고 있다.

여성이 성적 자유를 누리려면 믿을 만하고 안전한 피임기구가 반드시 있어야 한다. 그렇지 않으면 여성은 성행위의 결과를 완전하게 통제할 수 없다. 한편 여성이 성적 자유를 누리기 위해서는 자기 몸에 대한 지식을 갖추는 한편 성적 자기결정권의 의미도 숙지하고 있어야 한다. 섹슈얼리티와 관련한 초기 페미니즘 운동은 여성이 원할 때, 원하는 상대와 섹스할 수 있는 권리를 얻기 위한 정치 투쟁에 과도하게 집중한 나머지, 반성차별주의적 방식으로 우리 몸을 존중하는 법이나 해방된 섹스란 어떤 것인지 가르쳐주는 비판적 페미니즘 의식화 교육은 좀처럼 이뤄지지 않았다.

1960년대 말 1970년대 초, 여성들은 성적 자유와 성적 문란함을 같은 것으로 여기게끔 부추겨졌다. 당시에는 그리고 지금까지도 이성애자 남성들 대부분은 성적으로 해방된 여성은 어떤 요구도 없이 특히 정서적 친밀감 같은 걸 안달하지 않고 쉽게 섹스에 동의하리라고 멋대로 생각했다. 그리고 상당수의 이성애자 페미니스트들도 가부장제 남성이 주입한 틀에 자신의 행동을 끼워맞췄기에 똑같이 오해했다. 그러나 여성들이 성적 문란함과 성적 해방이 절대 같지 않다는 사실을 깨닫기까지 그리 오래 걸리지 않았다.

페미니즘 운동이 한창 '뜨거울' 때 급진주의 레즈비언 활동가들은, 가부장제 문화 환경에서 여성이 해방된 이성애를 경험할 수 있을지에 대해 문제 제기를 하며 이성애자 여성들에게 남성과의 유대를 재고해보라고 계속해서 요구했다. 이러한 문제 제기는 페미니즘 운동에 도움이 되었다. 이는 이성애자 여성에게는 이성애적 상황을 끊임없이 비판적으로 경계하게 이끌었고, 레즈비언들의 강점을 긍정적으로 부각하면서도 취약점도 드러내는 식으로 레즈비언들을 주목하게 했다. "페미니즘은 이론이고 레즈비어니즘은 실천이다"라는 유명한 구호에 마음이 끌려 남성과의 관계에서 여성과의 관계로 옮겨간 이성애자 여성들은 이내 이런 관계에서도 다른 관계만큼 정서적으로 교감하기 위해 노력을 기울여야 하며 그 외에도 갖가지 어려움이 따른다는 사실을 깨달았다.

레즈비언 관계가 이성애 관계만큼, 혹은 그보다 더 좋은지는 두 사람이 동성이라는 사실로 정해지는 게 아니다. 모든 관계에는 지배하는 쪽과 복종하는 쪽이 있다는 가학피학적SM 전제를 기반으로 하는 지배의 문화에 영향을 받은 로맨스와 동반자 관계의 관념을 얼마나 깨부수느냐에 달려 있다. 이성애 관계처럼 레즈비언들의 성적 자유분방함도 성해방과 동일시될 수는 없었다. 개인의 성적 취향과 관계없이 이 둘을 동일시해 감정적인 고통을 겪은 여성들은 섹스에 대해 환멸을 느꼈다. 그리고 남성중심주의와 성폭력 사이의 관계를 고려해보면 남성과 사귀는 여성들이 자신의 성적 불행에 대해 가장 할말이 많다는 것도 전혀 놀랍지 않다.

성적 자유를 둘러싸고 벌어진 일들에 대한 환멸로 인해, 수많은 페미니즘 사상가들은 이러한 경험들이나 동성 친구나 동료가 직면한 파탄난 관계를 외면하고 떠나갔다. 이때 이들의 마음속에는 모든 성행위, 특히 남성과 맺는 성관계에 대해 억눌린 적개심이 자리잡게 되었다. 한때 여성들에게 '적과의 동침'을 다시 생각해보라고 외롭게 목소리를 냈던 급진주의 레즈비언들에게 이제 남성과의 관계에 환멸을 느끼고 동성과 유대를 맺기로 택한 이성애자 여성들이 합류했다. 갑자기 섹슈얼리티에 대한 논의, 특히 성행위에 대한 모든 종류의 논의가 모든 성교는 성적으로 강제된 것이며 남성의 성기 삽입은 강간이라는 식으로 흘렀다. 한동안 이런 이론과 이를 설파하는 카리스마 넘치는 몇몇 여성들이 새롭고 남다른 성적 정체성을 정립하고자 애쓰는 젊은 여성들의 의식에 지대한 영향을 미쳤다. 이런 여성들 중 상당수가 양성애를 택하거나 여성이 성적 접촉방식을 전적으로 결정하기로 합의하는 남성과의 관계를 택했다. 하지만 대다수 젊은 여성들은 페미니즘에 간단히 등을 돌렸다. 그러고는 성적 자유에 대해 진부한 성차별주의적 개념으로 돌아갔는데, 때로는 복수하는 심정으로 그러는 듯 보이기도 했다.

그러므로 성적 쾌락과 위험, 성적 자유와 굴레 사이에서 발생하는 긴장의 결과로서 불거진 충돌과 모순이 성적 가학피학증의 매력적인 근거로 작용한 것은 당연한 일이다. 페미니스트의 섹슈얼리티에 대한 질문은 궁극적으로 권력 문제와 단단히 이어져 있다. 페미니즘 사상가들이 평등에 대해 아무리 입 아프게 이야기를 해도, 정작 성욕과 성적 열정의 발현 문제만 나오면 성적 무대에서 피어오르는 권력과 무권력의 역학이 억압자와 피억압자의 단순화된 개념을 붕괴시켰다. 레즈비언 페미니스트가 성적인 가학피학적 관계를 맺는다는 사실 즉, 권력이 있는 자와 권력이 없는 자의 입장이 용인되는 부치와 팸의 세계가 존재한다는 폭로만큼 페미니스트가 이성애를 비난했던 근거를 뒤흔든 것도 없었다.

실제로, 페미니즘 운동에 참가한 여성들이 레즈비언이건 이성애자건 성적 가학피학적 관계를 맺으면서 해방된 여성이 될 수 있느냐 하는 문제로 싸우기 시작하자, 섹슈얼리티에 관한 모든 급진적인 페미니즘 논의는 끝이 나고 말았다. 이 문제는 가부장제적 포르노그래피의 의미와 중요성에 대한 의견 차이와 얽혔다. 페미니즘 운동을 분열시키고 붕괴시킬 정도의 파괴력을 가진 문제와 직면하자, 1980년대가 저물어갈 즈음 섹슈얼리티에 대한 급진적인 페미니즘 담론은 더이상 공개적으로 논의되지 않게 되었고, 사적인 자리에서만 이 주제로 토론이 이루어졌다. 섹슈얼리티에 대한 공개적인 논의가 페미니즘 운동을 황폐화시킨 것이다.

섹슈얼리티에 대해 공개적으로 가장 활발하게 이야기한 페미니스트들은 보수적인 경향이 있었는데 어떤 이들은 청교도적이고 섹스에 반대하기까지 했다. 페미니즘 운동은 여성의 성해방을 촉구하고 장려하던 장에서 성폭력과 피해자 문제에 더 집중하는 공개적인 논의의 장으로 그 성격이 급격하게 변했다. 한때 여성의 성적 자유를 누구보다 열렬하게 옹호했던 주류의 원로 여성 페미니스트들이 이제는 성적 쾌락을 하찮은 것으로 취급하며, 금욕을 권장하기 시작했다. 공개적으로 여성의 성욕과 성생활에 대해 목소리를 내고 글을 쓰던 여성들이 점점 페미니즘 성정치에서 발길을 돌리거나 거리를 두게 되었다. 그리고 어느새 페미니즘 운동은 과거 그 어느 때보다 본래 반反섹스주의인 것으로 인식되었다. 결국 성적 열정과 성적 쾌락에 관한 선구적인 페미니즘 담론은 대다수 사람들에게 무시당한 채 무대 뒤로 밀려났다. 이에 여성과 남성은 그 빈자리를 가부장제가 제시하는 성적 자유로 채웠다.

성혁명과 페미니즘 운동에도 불구하고 우리는 많은 이성애자 여성들이 단지 남성이 원한다는 이유로 섹스를 한다는 것을, 남성이든 여성이든 젊은 동성애자들의 성적 취향을 사적으로든 공적으로든 있는 그대로 긍정하는 환경이 여전히 마련되어 있지 않다는 것을, 성녀 아니면 창녀라는 성차별주의적 도식이 여전히 남성과 여성의 에로틱한 환상을 채우고 있다는 것을, 가부장제적 포르노그래피가 지금도 대중매체의 모든 부분에 스며들어 있다는 것을, 원치 않은 임신이 증가 추세에 있다는 것을, 십대들이 대개 불만족스럽고 불안전한 섹스를 한다는 것을, 이성애자든 동성애자든 오랜 세월 부부생활이나 동반자 관계를 맺어온 여성들이 섹스리스로 사는 경우가 많다는 것을 잘 안다. 이 모든 사실들을 종합해볼 때 우리는 섹슈얼리티에 대한 새로운 페미니즘 담론을 만들어내야 한다. 우리는 여전히 해방된 성적 실천이란 어떤 것인지 탐구해야 한다.

근본적으로 말하자면, 해방된 성생활 그리고 성적 쾌락

과 충만함을 서로의 선택과 합의가 보장되는 환경에서 가장 잘 누릴 수 있다는 확신을 위해서는 서로를 존중하는 태도가 필수적이다. 가부장제 사회에서는 남성과 여성 모두 각자의 성차별주의적 사고를 벗어던지지 않는 한, 지속적인 이성애의 희열을 경험할 수가 없다. 아직도 수많은 여성과 남성이 남성의 성행위가 음경의 단단함과 지속에만 달려 있다고 믿고 있다. 남성의 성행위에 관한 이런 인식 자체가 성차별주의적 사고에 얽매인 결과다. 남성이 여성의 섹슈얼리티가 남성의 욕구에 봉사하고 남성을 만족시키기 위해 존재한다는 성차별주의적 생각을 버려야 한다면, 많은 여성 또한 삽입에 대한 집착을 버려야 한다.

성해방에 대한 담론과 현대 페미니즘 운동이 한창일 때, 여성들은 남성들이 다른 모든 분야에서의 평등은 기꺼이 받아들인다고 해도 섹슈얼리티 문제만큼은 그러지 못한다는 사실을 알게 되었다. 많은 남성들이 침대에서 성욕을 적극적으로 표현하는 여성과 즐거움을 주고받고 싶어하지만 그녀의 성행위가 (즉 그녀가 섹스를 원하느냐 원하지 않느냐) 남성의 욕망에 의해 결정되어야 한다는 성차별주의적 전제는 끝내 버리지 않았다. 성욕이 강하고 성적으로 해방된 여성과의 섹스는 재미있지만, 이들 여성들이 섹스하고 싶지 않을 때도 있다고 선언하는 순간 재미는 없어졌다. 이런 일이 일어나면 이성애자 남성은 성욕을 해소할 다른 방법을 찾겠다는 의사를 명확하게 밝히는 경우가 적지 않았는데, 이는 남성들이 지닌 여성의 몸이라면 누구든 상관없다는 생각뿐 아니라, 여성의 몸이 남성의 것이라는 성차별주의적 패러다임을 계속 고수하는 현실을 잘 보여주는 행동이었다. 동성애자든 이성애자든 해방된 관계라면 양자가 응징을 두려워하지 않고 언제 그리고 얼마나 자주 관계를 가질지 자유롭게 결정할 수 있어야 한다. 모든 남성이 자신의 성적 욕구에 자기 아닌 다른 사람도 부응해야 한다는 믿음을 버리지 않는 한, 파트너의 성적 복종을 요구하는 태도도 계속될 것이다.

진정으로 해방된 페미니즘 성정치라면 언제나 여성의 성적 자기결정권을 중심에 놓아야 한다. 이러한 주체성은 여성이 자신의 성적 신체가 타인에게 봉사하기 위해 항상 대기해야 한다고 믿는다면 절대 성립할 수 없다. 성매매업에 종사하는 일부 여성을 비롯한 어떤 여성들은 자신의 성을 물건이나 서비스와 자유롭게 교환하는 행위를 그들이 해방됐다는 지표로 삼는다. 이들은 여성이 달리 물질적 필요를 충족할 방법이 없어서 성매매를 할 때 언제든지 자기 몸을 스스로 통제할 수 있는 성적 자기결정의 공간을 박탈당할 위험에 처한다는 사실을 인정하지 않는다.

대다수 이성애자 여성들은 아직도 남성이 그들을 원해야만 여성으로서 자신의 섹슈얼리티가 의미와 가치를 지닌다는 성차별주의적 전제를 차마 버리지 못하고 있다. 이성애자 여성들이 이런 믿음을 버리고자 한다면 동성 간의 성적 접촉과 자위, 독신생활 또한 가부장제 문화에서 남성과 관계를 맺는 것만큼 생기 넘치고 인생을 풍요롭게 만든다는 사실을 받아들여야만 한다. 한때는 페미니즘이 이끌어낸 변화를 지지했던 다수의 나이든 여성들은 자신들을 버리고 더 젊은 여성을 찾아 떠나버릴 것 같은 두려움을 품게 하는 남성들과 어떤 식이든 성적 접촉을 가지려면 성차별주의적으로 주조된 여성성과 성적 매력의 통념에 굴복할 수밖에 없다는 사실을 깨달았다. 그걸 보면 여성이 남성의 욕망의 대상이든 아니든, 우리가 성적인 가치와 힘을 지닌 존재라고 스스로를 바라볼 때 비로소 진정 성적으로 해방된 것이라고 오래전부터 주장했던 급진주의 페미니즘 사상가들의 판단은 옳았다. 가부장제가 뿌리깊게 남아 있는 사회에서 성적 감정과 정체성이 어떻게 발현되는지 보여줄 페미니즘 이론이 다시금 우리에게 필요하다.

섹슈얼리티에 대한 페미니즘 담론이 지닌 한계에도 불구하고, 페미니즘 정치는 여전히 이론과 실천의 결과로서 상호 간 행복의 비전을 제시하는 유일한 사회운동이다. 우리는 성적 욕망을 주체적으로 표현하고 성적 쾌락 속에서 삶을 긍정하는 정신을 발견할 권리가 있다는 원칙을 토대로 하는 존재의 성애학을 필요로 한다. 성적인 유대는 우리에게 고립과 고독에서 벗어나 공동체로 들어오라고 손짓한다. 성적 갈망의 긍정적 표현들이 우리를 이어주는 세상에서라면, 우리는 각자의 성장을 지지하고 긍정하는 성적 실천을 자유롭게 선택할 수 있을 것이다. 이런 성적 실천에는 난교든 금욕주의든, 어떤 특정한 성적 정체성이나 취향을 가졌든, 상대의 성별이나 인종, 계급, 심지어 성적 취향이 무엇이건 간에 에로틱한 끌림이 불꽃처럼 튀는 특정한 누군가와 관계할 때만 불붙는 미지의 욕망을 탐색해볼 수도 있다. 섹슈얼리티에 관한 급진주의 페미니즘 담론은, 성적 자유를 추구하는 운동이 다시 한 번 시작되게끔 반드시 수면 위로 올라와야 한다.

16장

# 완전한 행복
## 레즈비어니즘과 페미니즘

여성해방운동과 성해방운동 중 뭐가 먼저 시작되었는지 선뜻 판단하기 어려운 때가 가끔 있다. 어떤 활동가들에게는 두 운동이 서로 뒤섞여 동시에 존재했다. 적어도 최초로 현대 페미니즘 운동의 선봉에 섰던 수많은 양성애자와 레즈비언 여성들은 확실히 그랬다. 이들은 레즈비언이기 때문에 페미니즘 운동에 합류한 것이 아니었다. 레즈비언은 대부분 정치에 '뛰어들지' 않았으며, 보수적이었고, 급진적인 행동을 취할 생각도 없었다. 여성해방운동의 최선봉을 형성하는 데 일조한 레즈비언과 양성애자 여성들은 계급, 인종, 섹슈얼리티의 고정된 경계를 무너뜨리기 위해 이미 좌파 정치에 참여하고 있었기에 페미니즘 운동으로 흘러들었다. 그들이 젠더와 욕망에 대한 전통적인 개념에 반기를 들었을 때, 그들은 이미 심리적으로는 여성해방의 기치를 든 것이나 다름없었다.

단지 레즈비언이라고 페미니스트가 되지는 않는다. 정치적으로 변모할 때는 레즈비언이라는 사실 이상의 뭔가가 필요하다. 착취당하는 사람이라고 해서 좀더 저항적인 사람이 되는 것도 아니다. 그랬다면 이 세상에 사는 (그리고 지구상의 모든 레즈비언을 포함한) 모든 여성들이 여성운동에 참여하고 싶어해야 할 것이다. 정치적 각성과 선택을 경험한 여성들은 대개 좌파 정치에 뛰어들게 되었다. 그러나 각계각층에서 모인 급진적 성향의 여성들은 사회주의자 모임과 민권운동, 전투적 흑인운동 같은 급진적인 운동의 그늘에 가려져 있었을 뿐만 아니라 늘 뒤치다꺼리를 떠맡았기에 자기 자신을 위한 정의를 주창할 준비가 이미 되어 있었다. 페미니즘 운동에 나설 준비가 되어 있었던 것이다. 그리고 가장 준비된 사람들 가운데에서도 진정으로 선구적이고 용기 있는 이들은 그때나 지금이나 수많은 레즈비언들이었다.

나는 첫 성경험을 하기도 전에 페미니즘을 접했다. 그때 나는 십대였다. 여성의 권리에 대해서 뭔가를 배우기도 전에 동성애에 대해서는 알고 있었다. 종교적 근본주의가 뿌리내리고 흑인들이 격리되어 살아야 했던 미국 남부의 좁고 편협한 세계에서는 누가 게이인지 다 알고 지냈으며 특별한 지위를 누리는 이들도 많았다. 계급 권력을 지닌 남성인 경우도 적지 않았다. 남성들의 동성애는 여성들의 동성애보다 더 쉽게 받아들여졌다. 내가 살았던 작고 격리된 흑인 공동체에서는 레즈비언도 대개 이성애자 남성과 결혼을 했다. 그러나 그들은 자신의 진짜 모습을 잘 알았다. 그래서 그들은 은밀한 작은 술집이나 파티장 같은 눈에 잘 띄지 않는 곳에서는 진정한 자아를 드러냈다. 레즈비언이라고 비난받았던 여성들 가운데 한 분이 내 멘토가 되어주었다. 전문직 여성이자 독서가였고 사색가였으며 파티걸이었던 그녀는 내가 존경하던 여성이었다. 아버지가 그녀를 "웃기는 여자"라며 우리의 유대관계에 대해 불평을 하자 엄마는 "사람들은 타고난 모습대로 살 권리가 있다"며 반박했다. 우리집 맞은편에 살았던 게이 남자가 십대 소년들에게 잔인하게 조롱받고 괴롭힘을 당할 때도 엄마는 그 남자가 책임감 있고 다정한 사람이고 그를 존중하고 사랑해야 한다고 말씀하시며 그를 위해 싸우셨다.

나는 페미니즘이라는 용어를 알기 훨씬 전부터 게이들의 권리를 옹호했다. 우리 가족은 내가 결혼을 하지 않을까봐 걱정을 하기 전부터 내가 레즈비언이 아닐까 걱정했다. 사실 나는 어디든 내 피가 끓는 곳으로 가리라는 걸 예감했기에 내 멋대로 진정한 괴짜가 되어가는 중이었다. 첫 책 『나는 여자가 아닌가요— 흑인 여성과 페미니즘』을 썼을 때 나는 이미 이성애자와 양성애자, 그리고 동성애자임을 밝힌 여성들과 함께 페미니즘 운동에 참여하고 있었다. 그 시절 우리는 젊었다. 그리고 당시 우리 중 어떤 이들은 우리의 정치성과 우리의 몸을 여성들과 공유함으로써 진심으로 이 운동에 헌신하고 있다는 사실을 증명하라는 압박감을 받았다. 그 무렵 모두가 깨달은 교훈이 있는데, 도덕 관습을 거스르는 성행위를 한다고 해서 그 사람이 진보적인 사람이 되는 것은 아니라는 사실이었다. 첫 책이 나왔을 때 흑인 레즈비언 여성들에게 격한 항의를 받아 어리둥절했었다. 그들은 내 책에 레즈비어니즘에 대한 언급이 없다는 이유로 나를 동성애혐오자라고 비난했다. 그 주제에 대해 다루지 않았다는 것이 내가 동성애를 혐오한다는 증거인 건 아니었다. 나는 그 책에서 아예 섹슈얼리티 문제를 다루지 않았다. 아직 준비가 되지 않았기 때문이다. 그 주제를 충분히 알지도 못했다. 좀더 알았다면 책에 썼을 테고 그랬다면 아무도 내게 동성애혐오자라는 딱지를 붙일 수 없었을 것이다.

소녀 시절, 내가 알던 강인하고 다정했던 레즈비언들에게 배운 지금도 유효한 교훈은, 여성이 자신의 안정과 행복을 위해 남성에게 기댈 필요가 없다는 것이었다. 성적 쾌락조차도 말이다. 이 교훈은 여성들에게 새로운 가능성의 세계를 열어주었다. 그 깨달음은 선택과 대안을 제시했다. 지금껏 남자와 함께 살아오면서 성적으로나 감정적으로 만족스러웠든 아니든, 남자 없이도 행복할 수 있다는 상상을 해본 적이 없기 때문에, 성차별주의적 남성과의 관계에 안주한 여성들이 얼마나 많을지 우리는 결코 알 수 없을 것이다. 어떤 여성이 자기 존재를 정당화하고 이를 입증하기 위해 자신이 아닌 다른 뭔가를 필요로 한다면, 그녀는 자기를 확인하기 위해 자신의 힘을 누군가에게 양도하는 셈이나 다름없다. 레즈비언 여성들은 내게 어렸을 때부터 지금까지 스스로 자기인식을 할 수 있는 자유를 요구해야 한다고 일깨워주었다.

이것이야말로 급진주의 레즈비언 사상가들이 페미니즘 운동에 불어넣어준 특별한 지혜다. 남성의 허락이 없어도, 남성에게 성적으로 인정받지 않아도 여성은 충만한 삶을 살 수 있음을 머리로는 이해한 예외적인 이성애자 여성들이 있었다 해도 그들은 이러한 믿음을 실천에 옮긴 경험을 페미니즘 운동에 더해주지는 못했다. 페미니즘 운동 초기 단계에 우리는 '여성으로 정체화한 여성woman-identified woman'이나 '남성으로 정체화한 여성man-identified woman'이라는 표현을 썼는데, 레즈비어니즘을 택하지 않았지만 남성으로부터 실존을 인정받는 일을 거부하는 활동가들이 있었기에, 이들을 여성으로 정체화한 여성으로 구분했다. 남성으로 정체화한 여성들은 로맨틱한 이성애에 빠지면 순식간에 페미니즘 원칙을 내팽개치는 이들을 지칭했다. 그들은 또한 여성보다 남성의 편에 섰으며, 늘 남성들의 시각으로 상황을 바라보았다. 샌프란시스코에서 처음으로 여성학을 가르칠 무렵, 급진주의 레즈비언 학생들이 내게 왜 아직도 남자에게 '빠져' 있느냐고 궁금해했다. 그러던 어느 날 수업이 끝나고 주차장에서 그녀들과 한바탕 설전이 벌어졌다. 그런데 그때 자신의 레즈비언 정체성을 명확하게 알고 있으면서도 섹스 산업에 종사하며 수많은 남성과 관계를 해야 했던, 또래들보다 좀더 나이 많은 흑인 레즈비언 학생이 이런 말로 페미니스트로서의 내 명예를 옹호해주었다. "선생님은 남자와 섹스를 하지만 여성 정체화한 여자야. 그건 선생님의 권리야. 하지만 선생님은 여전히 우리와 대의를 함께하고 있어."

많은 여성들이 페미니즘 운동에서 떨어져나가던 1980년대 중반 페미니스트 모임에서는 페미니즘 정치를 굳건하게 지켜내는 문제에 대한 논의가 핵심 주제였다. 여성들이 점점 더 많은 권리를 획득해갔지만, 페미니즘 운동의 급진적인 부분을 담당했던 선구적인 레즈비언 사상가들이나 활동가들의 존재와 이들의 노력은 잊혀갔다. 페미니즘 운동에서 가장 급진적이고 용감했던 레즈비언들은 대부분 노동자 계급 출신이었다. 그러니 그들에겐 학계에서 활동하려 할 때 요구되는 학위가 없었다. 페미니즘이 학문으로 정립되면서 이성애중심주의적인 위계가 다시 강화됐는데, 이 위계질서 내에서는 설령 학교 밖에서 여성운동에 시간을 쏟지 않더라도 화려한 학벌을 갖춘 이성애자 여성들이 더 존경받고 더 대접받곤 했다.

그러나 다름의 문제, 인종과 계급을 포함해 페미니즘 이론과 실천을 확장하는 문제에 대해 가장 적극적으로 자신들의 관점을 수정해온 사람들은 바로 선구적인 레즈비언 사상가들이었다. 많은 경우 그것은 그들이 주류의 기준에 맞지 않는다는 이유로 착취나 억압 혹은 그 두 가지를 모두 당하는 것이 무엇인지 경험을 통해 알고 있었기 때문이다. 선구적인 레즈비언 활동가들은 이성애자 동료들보다 훨씬 더 적극적으로 백인우월주의에 이의를 제기했다. 게다가 모든 남성들과 연대를 강화하고자 한 것도 그녀들이었다. 대다수의 이성애자 여성들은 열성적인 페미니스트건 아니건 자신과 남성의 관계에 더 신경썼다.

여성으로서 우리가 누구를 사랑할지, 누구와 몸을 나누고 함께 살지 선택할 자유는 동성애자 인권과 여성의 권리를 위해 투쟁했던 급진주의 레즈비언들 덕분에 크게 향상됐다. 페미니즘 운동에서 예나 지금이나 레즈비언들은 모든 유색인종 여성들이 성적 취향이나 정체성에 상관없이 인종차별주의에 맞서고 저항해야 했던 것처럼 동성애혐오에 맞서고 대항해야 했다. 동성애혐오를 영속화하면서 자신이 페미니스트라 주장하는 여성들은 백인우월주의적 사고를 고수하면서 자매애를 원하는 여성들만큼 착각에 빠져 있으며 위선적이다.

주류 대중매체는 페미니즘 운동을 대표하는 이미지로 항상 이성애자 여성을 선택했다. 이성애자로 보일수록 더 좋아했다. 그 여성이 매력적일수록, 그녀의 이미지가 남성들의 시선을 끌수록 더 좋아했다. 여성 정체화한 여성은 이성애자든, 양성애자든, 레즈비언이든 좀처럼 남성의 인정으로 삶의 우선순위를 정하지 않는다. 이에 가부장제가 우리를 위협적으로 느낀다. 남성의 입장에서는 동성애자든 이성애자든 간에 그들의 시선과 욕망을 가부장제 즉, 성차별주의적 남성들에게서 거두어버린 페미니스트 여성보다는 가부장제 사고방식을 지닌 레즈비언이 덜 위협적이다.

오늘날에는 이성애자 페미니스트들처럼 대다수의 레즈비언들도 급진주의 정치에 별로 흥미가 없다. 페미니즘 운동에 참여했던 레즈비언 사상가들 중에는, 레즈비언이 이성애자 여성만큼 성차별주의자일 수 있다는 현실을 직시하기 힘들어하던 사람도 있었다. 페미니즘은 이론이고 레즈비어니즘은 그 실천이라는 유토피아적인 발상은 백인우월주의-자본주의-가부장제 문화를 살아가는 대부분의 레즈비언들도 이성애자 여성들처럼 지배와 복종이라는 패러다임에 의지해 그들의 파트너십을 설정한다는 현실을 이기지 못해 거듭 붕괴하였다. 그리고 아무도 종속될 위험에 처하지 않고 상호만족을 이루는 유대관계를 맺기란 이성애자들만 아니라 레즈비언들 사이에서도 똑같이 어려웠다. 레즈비언의 동반자 관계에서 가정 폭력이 벌어진다는 사실이 밝혀지자 사람들은 동성 간의 결합이라고 해서 자동적으로 평등한 것은 아니라는 사실을 처음으로 알아차리게 되었다. 동시에 레즈비언 페미니스트들은 그들이 가학피학적인 성행위를 한다는 이야기를 이성애자 여성들보다 훨씬 더 공개적으로 털어놓았다.

동성애자든 이성애자든 성적으로 보수적인 페미니스트들은 지배와 복종 관계로 합의된 성관계는 옳지 않으며 이는 자유라는 페미니즘의 이상을 배신하는 행위라고 인식한다. 그러나 모든 여성에게는 자신이 가장 큰 성적 만족감을 얻는 성생활을 자유롭게 선택할 권리가 있다는 전제를 거부하고 무조건 심판하려드는 그들의 태도야말로 실제로 페미니즘 운동을 심각하게 훼손하고 있다. 이 세상에는 여자들끼리 어떻게 섹스를 할 수 있는지 결코 이해하지 못하는, 다른 여자에게 성적 욕망을 품어본 적이 없는, 그러나 다른 여자들이 레즈비언이 되든 양성애자가 되든 자신의 성적 정체성을 선택할 권리를 지지하는 수많은 여자들이 있다. 대부분의 여성들을 포함한 사람들이 절대 끌리지 않을 성행위를 하는 레즈비언이나 이성애자들도 마찬가지로 지지받는다. 레즈비언의 가학피학 성행위를 비난하는 보수적인 페미니스트들의 태도의 이면에는 동성애혐오가 숨어 있다. 레즈비언이 이 사회에서 인정받고 이성애자들의 마음이 불편하지 않도록 엄격한 도덕적 규범을 따라야만 할 것처럼 구는 여성들은 결국 동성애혐오를 영속화할 것이다. 확실히 가학피학적 성행위는 레즈비언의 전유물인 것처럼 여겨지던 시절에 비해, 더 많은 이성애자 여성들이 공개적으로 이에 대해 이야기하기 시작하자 페미니스트들의 비난도 그만큼 덜 가혹하고 덜 집요해졌다.

동성애혐오에 대한 싸움은 언제나 페미니즘 운동의 한 축을 차지할 것이다. 왜냐하면 이성애자 여성들이 레즈비언을 계속 경멸하며 부차적인 존재로 보는 한, 여성들이 자매애를 키워나가기란 불가능하기 때문이다. 선구적인 페미니즘 운동에서는 레즈비언 활동가들의 노고를 충분히 인정해야 한다. 급진적 레즈비언들의 투쟁이 없었다면, 페미니즘의 이론과 실천은 이성애중심주의의 경계를 밀어버리고 그 자리에 자신의 성정체성이나 취향 혹은 그 모두를 막론하고 모든 여성들이 원하는 모습대로 자유롭게 살아갈 공간을 만들겠다고 꿈도 꾸지 못했을 것이다. 우리는 앞으로도 이 유산을 계속해서 기리고 소중히 여겨야 한다.

17장

# 다시
# 사랑하기 위하여
## 페미니즘의 심장

사랑을 알고 싶은 여성과 남성이라면 페미니즘부터 열렬히 사랑해야 한다. 페미니즘적 사고와 실천 없이는 사랑의 결속을 만들어낼 토대는 생겨나지 않을 것이기 때문이다. 페미니즘 운동 초기에는 이성애 관계에 깊이 실망한 수많은 여성들이 여성해방을 외쳤다. 이들 중 많은 수가 영원히 행복하게 해주겠다며 사랑을 속삭이던 남자가 결혼을 하자마자 멋진 왕자님에서 가부장제적인 영주로 변모하자 배신감을 느낀 사람들이었다. 이런 이성애자 여성들은 그들의 분노와 회한을 가슴에 담은 채 페미니즘 운동에 뛰어들었다. 그들은 자신들과 마찬가지로 가부장제의 가치를 바탕으로 한 낭만적 연인관계에서 배신감을 느낀 레즈비언의 고통에 동병상련을 느꼈다. 그 결과 운동 초기부터 페미니스트들이 사랑에 관해 이야기할 때면 낭만적 사랑에 대한 집착을 버리지 않는 한 여성은 자유로워질 수 없다고 주장했다.

의식화 모임에서 들은 바에 의하면 사랑을 갈망하는 마음은 그가 남성이든 여성이든 우리를 가부장제적인 연인과 사랑에 빠지게 하고, 그 연인은 우리의 사랑을 이용해 우리를 정복하고 종속하려 하기에 유혹적인 덫과 다름없다. 남성과의 성경험을 갖기 전에 페미니즘 운동에 참여했던 나는 여성 페미니스트들의 남성을 향한 강렬한 분노와 증오심에 어안이 벙벙했었다. 하지만 그 분노의 근원은 곧 이해되었다. 나만 해도 가족들 위에 군림하는 아버지에 대한 직접적인 반발로 십대 시절 페미니즘 사고를 받아들였으니 말이다. 군인 출신에 운동선수였으며 교회의 집사였고 가장에 바람둥이였던 아버지는 전형적인 가부장이셨다. 나는 엄마의 고통을 목격했고 결국 아버지에게 반기를 들었다. 아빠가 얼마나 엄마를 모욕하든 얼마나 폭력적으로 대하든 엄마는 젠더 불평등으로 인한 이런 일들에 결코 짜증을 내거나 분노하지 않았다.

처음으로 의식화 모임에 참여했을 때 거기서 엄마뻘 여

성들이 고통과 서러움, 분노를 토로하며 사랑에서 벗어나야 한다고 주장하는 모습을 보았고 그들의 마음이 이해됐다. 그러나 한편으로는 여전히 좋은 남자를 만나 사랑을 해보고 싶었다. 나만은 꼭 그런 사랑을 하리라 믿었다. 그러면서도 나를 사랑하는 남자라면 그도 페미니즘 정치에 헌신해야 한다고 굳게 믿었다. 1970년대 초, 남성과 함께하고 싶었던 여성들은 그 남성을 페미니스트로 변모시켜야 하는 도전에 직면했다. 그들이 페미니스트가 되지 않는다면 행복은 오래갈 리 만무하다는 사실을 우리는 잘 알았다.

대부분의 사람들이 아는 것처럼 가부장제 문화에서의 낭만적 사랑은 사람을 바보로 만들고 힘과 통제력을 앗아간다. 페미니즘 사상가들은 사랑에 대한 이런 통념이 가부장제적인 남성과 여성의 이익에 부합한다는 사실을 깨우쳐야 한다고 했다. 이런 통념은 사랑이라는 이름으로 뭐든 할 수 있다는 인식을 뒷받침했다. 사람을 때리고, 행동을 제약하고, 심지어는 목숨을 앗아가고도 "열정 때문에 저지른 범죄"라며 "그녀를 너무나 사랑했기에 죽일 수밖에 없었다"고 항변을 한다. 가부장제 문화에서 사랑은 소유의 개념 그리고 한쪽은 사랑을 주기만 하고 다른 쪽은 받기만 해도 된다는 지배와 복종의 패러다임과 연결되어 있다. 가부장제에서 이성애중심주의적 결합은, 돌봄의 정서를 가진 젠더인 여성이 남성에게 사랑을 주어야 하고 권력과 공격성을 지닌 남성은 여성을 부양하고 보호해준다는 기본 전제를 토대로 한다. 그러나 이성애자 가정에서 수많은 경우에 남성은 돌봄에 보답하지 않았다. 대신 자신이 가진 권력을 부당하게 이용해 가족을 통제하고 강압하는 폭군이 됐다. 페미니즘 운동 초창기에 이성애자 여성들은 더이상 고통받지 않으려고 사랑의 유대를 끊기 위해서 운동에 뛰어들었다.

페미니스트들이 여성들에게 아이들만 바라보고 살지 말아야 한다고 강조했다는 점에도 주목해야 한다. 아이들은 여성들의 완전한 자아실현을 가로막기 위해 사랑이 놓은 또다른 덫에 불과했다. 당시 페미니즘이 우리에게 경고하기를, 남편 대신 자식에게 애정을 쏟는 어머니란 언제든지 자식에게 잔인하고 부당한 벌을 내리는 전제적이고 부조리한 괴물이라고 했다. 젊어서 페미니즘 정치를 찾은 사람들은 대개 지배적인 어머니에 반기를 든 경우였다. 우리는 그렇게 살고 싶지 않았다. 자칫하면 답습할지도 모르는 그런 여성들과 다른 삶을 살고 싶었다. 우리가 다르게 살 수 있는 확실한 방법 중 하나는 아예 아이를 가지지 않는 것이었다.

사랑에 대한 초기 페미니즘 운동의 비판은 꽤 단순했다. 그때는 사랑에 대한 가부장제의 그릇된 관념에 구체적으로 저항하기보다 그저 사랑이 문제라는 식으로 인식했다. 우리는 사랑을 처분해버리고 그 빈자리를 권력과 권리에 대한 관심으로 채우려고 했다. 그때는 아무도 우리에게 마음이 황폐해져 결국 우리가 페미니즘 반란이라는 명분으로 거부했던 가부장제적 남성이나 부치들처럼 감정적으로 폐쇄적인 사람이 될 수도 있다고 경고하지 않았다. 그리고 실제로 이런 일이 일어났다. 페미니스트들은 사랑에 대해 재고하며 그 중요성과 가치를 강조해야 했지만 오히려 사랑에 관한 논의를 중단해버렸다. 사랑을 원했던 여성들, 특히 남성과의 사랑을 원한 여성들은 사랑을 구할 방법을 찾아 다른 곳으로 눈을 돌렸다. 이런 여성들 중 상당수가 페미니즘이 사랑의 중요성도, 가족관계도, 공동체에서 타인과 더불어 사는 삶도 거부한다고 느꼈기에 페미니즘 정치를 떠나갔다.

선구적인 페미니즘 사상가마저 여성들에게 사랑에 대해 뭐라 해야 할지 몰라 우왕좌왕했다. 『페미니즘—주변에서 중심으로』에서 나는 페미니즘 운동 리더들이 운동에 사랑의 정신을 불어넣어야 한다고 썼다. "페미니즘 운동의 지도자들은 반드시 사랑과 공감을 보여줄 능력이 있어야 하며, 행동으로 그런 사랑을 드러낼 수 있어야 하며, 대화를 성숙하게 끌어나갈 수 있어야 한다." 그 당시 나는 '지배의 형태를 바꾸는 사랑이라는 행위'에 대한 믿음을 전파했지만 정작 모두에게 사랑의 해방적 비전을 제시할 페미니즘 이론을 만드는 게 얼마나 중요한지 심도 있는 글은 쓰지 못했다.

이제 와 돌이켜보면, 당시 우리는 사랑에 관한, 특히 이성애에 대한 긍정적인 페미니즘 담론을 만들어내지 못했기 때문에, 가부장제 대중매체가 페미니즘 운동이 사랑보다는 증오를 발판으로 하는 주장이라고 떠들 수 있는 여지를 주고 말았다. 남성과 유대를 맺고 싶었던 수많은 여성들은 그런 유대를 맺지도 못했고 그렇다고 페미니즘 운동에 헌신할 수도 없었다. 실제로 우리는 여성도 남성도 페미니즘을 통해 사랑을 알 수 있다는 생각을 널리 펴뜨렸어야 했다. 이제는 그 사실을 안다.

선구적인 페미니즘은 현명함과 사랑이 넘치는 정치다. 페미니즘 정치의 정신은 지배를 종식하기 위한 헌신이다.

사랑은 결코 지배와 강압에 기반한 관계에 뿌리내릴 수 없다. 가부장제적 사랑의 개념을 매섭게 비판한 급진주의 페미니스트들은 결코 틀리지 않았다. 하지만 여성에게든 남성에게든 우리가 사랑을 찾는 여정에서 길을 잘못 들었다는 비판 이상의 것이 필요했다. 우리에게는 대안으로 제시할 수 있는 페미니즘적 비전이 필요했다. 우리 중 많은 이들이 삶의 사적인 영역에서는 사랑 즉, 페미니즘적 실천에 뿌리를 둔 사랑을 했지만 사랑에 대한 좀더 보편적인 페미니즘 담론을, 페미니즘 운동 내에서 사랑에 적대적이었던 분파들에 집중된 관심을 분산시킬 만한 담론을 만들어내지 못했다.

우리가 대안으로 제시하는 비전의 맥박은 여전히 근본적이고 필연적인 진실과 공명한다. 즉, 지배가 있는 곳에 사랑이 들어설 자리는 없다. 페미니즘 사고와 실천은 동반자 관계와 육아를 통한 상호성장과 자아실현의 가치를 강조한다. 누구나 욕구를 존중받고, 누구나 권리를 누리고, 누구든 예속이나 학대를 두려워할 필요가 없는 관계에 대한 이러한 비전은, 가부장제가 관계의 구조를 지키기 위해 고수하는 모든 것과 반대된다. 우리 여성들은 대부분 아버지나 남자 형제, 또는 이성애자 여성의 경우 연애관계까지 사생활에서 접하는 친밀한 관계에서 남성의 지배를 경험했거나 경험할 가능성이 있다. 실제로 여성과 남성이 모두 페미니즘 사고와 실천을 받아들일 경우 두 사람의 감정적 행복은 더 깊어질 것이다. 진정한 페미니즘 정치는 언제나 우리를 속박에서 자유로, 사랑이 없는 곳에서 사랑이 넘치는 곳으로 이끈다. 상호동반자 관계야말로 사랑의 토대다. 그리고 페미니즘의 실천은 상호성의 토양을 만드는 우리 사회의 유일한 사회운동이다.

진정한 사랑은 서로에 대한 인지와 포용에서 비롯한다는 사실에, 사랑이 인정과 애정, 책임감, 헌신, 그리고 지식을 모두 품어야 한다는 사실에 수긍한다면 정의 없이 사랑이 존재할 수 없음을 이해하게 된다. 이 사실을 깨달으면 사랑이 우리에게 변화시킬 힘을 주고, 지배에 저항할 수 있는 의지를 심어준다는 사실도 이해하게 된다. 그러므로 페미니즘 정치를 택하는 것은, 곧 사랑을 택하는 것이다.

18장

# 페미니즘적
# 영성

페미니즘은 예나 지금이나 변함없이 영적인 실천을 도모하는 저항운동이다. 나는 페미니즘 이론과 그 실천을 받아들임으로써 자아실현에는 자기애와 자기 인정이 필요하다는 사실을 완전하게 인지했지만, 그전부터 그와 동일한 메시지를 긍정하는 영적인 길에 발을 들여놓고 있었다. 남성중심적인 종교의 성차별주의에도 불구하고 여성은 영성의 실천에서 위안과 안식을 구할 수 있는 여지를 찾아냈다. 서구 교회의 역사를 통틀어 여성들은 남성의 방해를 받지 않고 신과 함께할 수 있는, 남성의 지배 없이도 신에 봉사할 수 있는 장소를 찾는 수도원 생활방식에 의존했다. 날카로운 영적 통찰력과 신성한 명석함을 두루 갖춘 신비주의자 노리치의 줄리앤Julian of Norwich은 현대 페미니즘 운동이 태동하기도 훨씬 전에 이런 글을 남겼다. "우리의 구세주는 우리의 참된 어머니로, 우리는 그 안에서 끝없이 태어나고 그 없이는 결코 세상에 올 수 없습니다." 구세주는 언제나 오직 남성이라는 인식에 감히 대항한 노리치의 줄리앤은, 신성한 여성성으로 되돌아가는 여정에 오르며, 가부장제적 종교에 속박된 여성이 해방되도록 힘을 실어주었다.

페미니즘 운동은 초기부터 가부장제적 종교를 비판해 반향을 불러일으켰고 이로써 미국 전역에서 신앙심의 본질을 변화시켰다. 다시 말해 페미니즘은 서구의 형이상학적 이원론(세상은 언제나 두 가지 범주로, 이를테면 세상은 열등한 것과 우수한 것, 선한 것과 악한 것으로 나뉜다는 가설)이 억압과 성차별주의, 인종차별주의 등 온갖 집단의 이데올로기적 토대가 되었고, 이것이 결국 유대 기독교 신앙체계의 기본 개념을 형성해간 궤적을 밝혀냈다. 숭배의 방식을 바꾸려면 영성의 비전을 다시 세워야 했다. 페미니즘이 가부장제 종교를 향해 비판의 수위를 높여갈 즈음 문화 전반에서 뉴에이지 영성으로 눈을 돌리는 움직임이 출현했다. 뉴에이지 영성 단체에서 그 가르침을 따르는 사람들은, 수세기 동안 서구의 정신세계를 지배했던 기독교 근본주의에서 벗어나 다른 해답을 구하고 다른 영적 전통을 구하기 위해 동양으로 눈을 돌렸다. 타락과 구원의 개념에 뿌리를 둔 가부장제 영성을 밀어낸 자리에 삼라만상의 영성이 들어섰다. 힌두교와 불교, 부두교 등 다양한 영적 전통에서 여자들은 여신 중심의 영성으로 회귀하게 하는 여성적 신성의 이미지를 찾아냈다.

페미니즘 운동이 막 시작되었을 무렵에는 페미니즘 운동이 정치에만 고착해야 하며 종교적이어서는 안 된다고 여겼던 활동가들의 주장으로 인해 충돌이 빚어졌다. 전통적인 사회주의 정치 단체에서 활동하다 급진적 페미니즘 운동에 뛰어든 여성들은 대부분 무신론자들이었다. 그들은 신성한 여성성의 비전으로 회귀하려는 노력을 비정치적이며 감상적이라고 보았다. 운동 내부에서의 이러한 분열은 가부장제 종교에 대한 도전과 해방된 영성 사이의 연결고리를 눈여겨보는 여성들이 점점 늘어나면서 이내 종식되었다. 미국 사람들은 대부분 자신을 기독교인으로 여긴다. 다른 어떤 종교보다 성차별주의와 남성중심주의를 용인하는 기독교 교리는 우리가 이 사회에서 익혀나가는 젠더 역할에 다방면에서 영향을 미친다. 우리의 종교

적 믿음이 새롭게 바뀌지 않으면 우리 문화를 페미니즘적
으로 절대 전환할 수 없을 것이라고 해도 과언이 아니다.

　창조중심적 기독교 영성의 각성은 그 자체로 페미니즘
운동과 연결됐다. 매슈 폭스는 『원복 *Original Blessing*』에서
이렇게 설명한다. "가부장제 종교들과 종교의 가부장제
적 패러다임은 최소 3500년 동안 인류 문명을 지배했다.
창조중심적 전통은 페미니즘적이다. 그러한 영성에서는
지혜와 에로스가 지식이나 금욕보다 더 중요하다." 자연
환경/생태주의에 관심이 있는 페미니스트들과 인권 문제
에 집중하는 페미니스트들 사이에서 발생한 갈등에 대해
이야기하다보면 이런 이원론은 불필요하다는 사실이 드
러난다.

　　정의를 추구하는 정치운동은 우주가 더 충만하게 발전하는
　　과정의 일부분이고 자연은 인간이 자기인식과 잠재된 변화
　　의 힘을 인식하는 기반이다. 해방운동은 조화와 균형, 정의,
　　찬양에 대한 우주적 감각을 더 충만하게 발전시킨다. 이는
　　진정한 영적 해방을 위해서는 우주를 향한 찬양과 치유의 의
　　식이 필요해서인데, 이는 다시 개인의 변화와 해방으로 이어
　　질 것이다.

해방신학은 억압당하고 착취당하는 집단을 해방하는 것이 신의 의지에 대한 헌신을 반영하는 핵심적인 신앙 행위라고 본다. 가부장제를 철폐하기 위한 투쟁이야말로 신의 뜻이다.

근본주의 가부장제 종교는 예나 지금이나 페미니즘 사고와 실천의 확산을 막는 장벽이다. 사실, 페미니즘 사상가, 특히 여성의 임신선택권을 지지하는 사람들을 살해하라고 부추기고 범행을 묵인한 우익 종교 근본주의자들보다 페미니스트들을 악마화하는 집단도 없다. 처음에 페미니즘이 기독교를 비판하자 수많은 여성이 운동에서 멀어졌다. 이후 기독교인 페미니스트들이 성경과 기독교 신앙에 대해 창조중심적인 새로운 비판과 해석을 내놓자 여성들은 페미니즘 정치와 화해하면서도 기독교적 실천을 계속 지켜나갈 수 있었다. 그러나 이 활동가들은 다수의 기독교 신자들을 포용해 페미니즘과 기독교 신앙 사이에 존재하는 갈등이 전혀 불필요하다는 사실을 이해시킬 만한 페미니즘 운동을 완전하게 조직하지 못했다. 유대교나 불교, 이슬람교 등 다른 종교를 믿는 페미니스트들도 마찬가지다. 이런 운동들이 일어나기 전까지는 조직적인 가부장제 종교가 언제까지고 페미니즘의 성과를 깎아내릴 것이다.

현대 페미니즘 운동은 초기에는 영적 세계에 제대로 관심을 기울이기보다는 시민권과 세속적인 성과에 더 집중했다. 주류 대중매체는 페미니즘이 기독교를 비판한다는 사실만 조명할 뿐 다양한 여성 페미니스트 집단이 거둔 영적인 깨우침에는 전혀 관심을 보이지 않았다. 다수의 사람들은 여전히 페미니즘이 반종교적이라고 생각한다. 하지만 실제로 페미니즘은 가부장제 종교 사상이 변화하도록 이끌어 더 많은 여성들이 신성과의 연결을 찾아내 영적인 삶을 영위할 수 있도록 해주었다.

페미니즘적 영성 실천은 대개 원가족이나 여러 관계에서 발생하는 가부장제의 공격으로 상처 입은 여성들이 치료를 받기 위해 찾은 치유 과정에서 인정받고 받아들여졌다. 그리고 수많은 여성들이 자신의 영적인 질문에 확언을 얻은 것도 페미니즘 치유법의 맥락에서였다. 이러한 영적인 탐구는 본질적으로 사적인 경험이라 페미니스트 활동가들이 영성 즉, 영적인 삶의 욕구를 충족시킬 필요성에 대해 충분히 인정하고 있다는 사실이 대중에게 잘 알려지지 않았다. 앞으로의 페미니즘 운동은 페미니즘적 영성에 대한 지식을 널리 알릴 수 있는 더 나은 전략을 세워야 한다.

대안적 영적 세계를 선택한 덕분에 수많은 여성들이 가부장제 종교에 맞서고 저항하면서도 영적인 삶을 유지할 수 있었다. 제도화된 가부장제 교회나 사찰은 페미니즘의 개입으로 변화되어왔다. 그러나 최근 들어 교회는 지금까지 젠더 평등을 위해 해오던 노력을 내팽개치기 시작했다. 종교적 근본주의의 발흥이 진보적 영성을 위협한다. 근본주의는 사람들에게 불평등이 '자연스러운 것'이라고 믿게끔 부추길 뿐 아니라, 여성의 몸에 대한 통제가 필요하다는 인식을 공고히 한다. 이에 임신선택권에 대한 탄압이 뒤따른다. 이와 동시에 종교적 근본주의는 여성과 남성의 성에 수많은 형태의 성적 강제를 용인하는 섹슈얼리티에 관한 억압적인 통념을 불어넣는다. 반드시, 페미니즘 활동가들은 조직화된 종교를 주시하고 비판과 저항을 계속해야 할 것이다.

페미니즘을 긍정하는 경이로운 영적 전통들이 현재 이 세상에 풍부하게 존재하는데도 대다수 사람들은 이런 실천에 대해 알 기회를 접하지 못하고 있다. 그들은 가부장제 종교가 영적인 편안함과 행복을 누릴 수 있는 유일한 장소라고 생각한다. 가부장제 종교는 대중매체 특히 텔레비전을 성공적으로 활용해 자신의 메시지를 널리 전파한다. 가부장제 종교가 유일한 영적 안식처라는 인식에 대항하려면 대안 영성도 그렇게 적극적으로 나서야 한다. 페미니즘적 영성은 시대에 뒤떨어진 신념체계에 의문을 제기하고 새로운 대안을 만들 여지를 제공했다. 다양한 방식으로 신을 드러내고, 신성한 여성성에 대한 경외심을 회복하면서 우리는 영적인 삶의 중요성을 긍정하거나 재긍정하는 법을 찾을 수 있었다. 모든 형태의 지배와 억압으로부터의 해방을 영적 탐사와 동일시함으로써 우리는 정의와 해방을 위한 투쟁과 영적인 실천을 하나로 이어주는 영성으로 되돌아갈 수 있다. 영적인 충만함에 대한 페미니즘의 비전은 자연스럽게 진정한 영적 삶의 토대가 된다.

19장

# 페미니즘의
# 미래

진정으로 선구적이려면 우리의 상상은 구체적 현실에 단단히 뿌리내리고 있어야 하고 동시에 그 현실을 넘어설 미래를 그릴 줄도 알아야 한다. 현대 페미니즘의 가장 큰 장점은 그 형태와 방향을 바꾸어가는 방식에 있다. 진부한 사고방식과 행동 패턴을 고수하는 사회운동은 실패하기 마련이다. 선구적인 페미니즘의 뿌리는 1960년대 초로 거슬러올라간다. 여성해방운동이 갓 시작되었을 당시, 급진적/혁명적 정치운동을 꿈꾼 선구적인 페미니스트 사상가들이 출현했다. 그들은 운동을 이끌며 백인우월주의-자본주의-가부장제 시스템의 힘을 약화하고 이를 전복하기 위한 투쟁을 전개하는 한편, 기존 체제하에서 여성의 시민권을 쟁취하기 위한 개혁주의적 싸움도 지속했다. 그들은 지배의 문화에 찌든 이 세상을 공동체주의와 사회민주주의가 바탕이 된 참여적 경제의 세상으로, 인종과 젠더에 따른 차별이 없는 세상으로, 상호성과 상호의존에 대한 인정이 지배적인 정서를 이루는 세상으로, 지구의 생명을 지키며 모든 사람이 평화와 안녕을 누릴 수 있는 방법에 대한 전 지구적인 생태주의 비전이 실현된 세상으로 바꾸는 꿈을 꾸었다.

급진적/혁명적 페미니즘의 비전은 운동이 발전하면서 더 명확해지면서도 더 복합적으로 바뀌어갔다. 하지만 이 비전은 기존의 사회질서를 유지하면서 체제 내 변화를 이끌어낼 때 더 안전하다고 느끼는 개혁주의 페미니스트들의 절대론으로 인해 종종 불투명해졌다. 어떤 개혁주의 페미니즘 활동가들은 젠더에 근거한 경제적 불평등을 뜯어고쳐 특권 계급 남성과 동등한 권리를 얻기 위해 정말 열심히 노력했지만, 어떤 이들은 운동의 역량을 개혁에 집중하면 여성의 삶에 더 의미 있고 구체적인 변화를 만들어낼 수 있으리라 간단히 믿어버렸다. 그러나 궁극적으로 페미니즘 투쟁의 급진성을 포기하면서 페미니즘 운동은 주류인 자본주의 가부장제의 공세에 보다 취약해지고 말았다.

계급 권력 획득이나 한층 커진 계급 이동의 가능성에 현혹된 개혁주의 활동가들이 기존의 사회체제 내에서 일정한 성과를 거두자 체제를 해체하는 활동에 관심을 기울이는 여성들은 더 줄어들었다. 한쪽에서는 캐럴 길리건 같은 페미니즘 사상가들이 질리지도 않고 여성이 더 다정하고 더 윤리적이라고 말했지만, 여성들이 자신보다 더 힘없는 다른 여성들에게 하는 행동을 보면 도무지 그 말에 동의할 수 없다. 여성들이 자신이 속한 정체성이라 생각하는 같은 민족이나 인종 집단에 보이는 보살핌의 윤리는, 그들이 공감할 수 없고 동질성이나 연대감을 느끼지 못하는 사람들에게는 미치지 않았다. 특권층 여성들은(예외도 있었지만 대부분 백인이었다) 노동자 계급과 빈곤층 여성들의 종속이 지속되도록 하는 일련의 움직임에 재빠르게 동참했다.

선구적인 페미니즘은 모든 여성의 운명을 바꾸고 그들이 각자 개인적인 역량을 키울 수 있는 전략을 만들어내는 것을 근본적인 목표로 삼았다. 하지만 이 목표를 이루려면 운동은 젠더 평등 의제를 뛰어넘어, 모든 여성들, 특히 빈곤층 여성들을 껴안을 수 있는 문맹퇴치운동 같은 기본적인 활동부터 시작해야 했다. 이 세상에는 페미니즘 학교도, 페미니즘 대학도 없다. 그리고 이런 기관을 설립하기 위해 지속적으로 노력을 기울인 적도 없었다. 여성들이 일자리를 얻고 경력을 쌓게 하는 차별철폐 조처의 주요 수혜자들인 교육받은 백인 여성들은, 기존 체제의 단물을 모두 빼먹었기에 페미니즘 원리를 설립 이념으로 삼는 교육기관의 창설에는 의욕이 없었다. 이런 교육기관이 월급을 많이 줄 리 없을 터였다. 독립적으로 활동하는 부유한 페미니즘 활동가들조차 사재를 털어서라도 기본적인 기술조차 배우지 못해 불이익을 당하는 여성과 소녀들을 위한 교육 프로그램을 만들려 하지 않았다.

선구적인 페미니즘 사상가들은 광범위한 페미니즘 운동, 그러니까 소녀와 소년, 여성과 남성, 모든 계급을 가로지르는 운동의 필요성을 통감했지만, 정작 누구나 이해할 수 있도록 쉽게 쓰였거나 입에서 입으로 전달할 수 있는 선구적인 페미니즘 이론조차 정립하지 못했다. 요즘 학계에서 가장 각광받는 페미니즘 이론은 대부분 자기들만 아는 은어 같은 어려운 학술용어로 쓰여서 수준 높은 교육을 받은 사람이나 읽을 수 있다. 우리 사회에서 대다수의 사람들은 페미니즘에 대해 기초적인 것도 알지 못한다. 사람들은 초등학생도 이해할 만한 페미니즘 입문서도, 다채롭고 풍부한 자료로 구성된 페미니즘 책도 구할 수 없다. 그런 게 없기 때문이다. 우리가 진정으로 모두를 위한 페미니즘 운동을 재건하고 싶다면 이런 책부터 만들어야 한다.

페미니즘 옹호자들은 텔레비전 방송국을 소유하거나 기존 방송사 고정 코너를 잡아서 페미니즘을 소개할 만큼 자금을 만들지 못했다. 텔레비전이나 라디오 프로그램을 아무리 봐도 페미니즘과 관련해서는 어디서도 다루지 않는다. 우리가 페미니즘에 대한 메시지를 널리 퍼뜨리려고 할 때 직면하는 어려움 중 하나가, 사람들이 여성 젠더와 관련된 것이라면 뭐든, 그게 설령 페미니즘적 관점을 전혀 담고 있지 않더라도 페미니즘을 기반으로 한 것이라고 지레짐작한다는 것이다. 젠더 문제를 부각하는 라디오 프로그램과 몇몇 텔레비전 프로그램도 있지만 그 정도로 페미니즘을 집중조명한다고는 할 수 없다. 역설적이게도 현대 페미니즘이 거둔 성과 중 하나가 누구나 젠더 문제나 여성 문제를 터놓고 말할 수 있는 분위기를 조성했다는 점이긴 하나 다시 한번 말하지만 그게 꼭 페미니즘적 관점을 바탕으로 하는 것은 아니다. 예를 들어, 페미니즘 운

동은 우리 사회가 여성과 아동에 대한 남성의 폭력 문제
를 직시할 수 있는 문화혁명을 일으켰다.

대중매체가 가정 폭력 장면을 연이어 보여주고 그에 관
한 논의 또한 도처에서 진행중이지만, 대중은 남성이 저
지르는 이러한 폭력의 사슬을 끊어내기 위해 남성중심주
의를 끝장내고 가부장제를 종식해야 한다고 거의 생각지
않는다. 이 나라 대다수 시민들은 여전히 남성중심주의와
가정에서 일어나는 남성 폭력 사이의 연관성을 잘 모른
다. 그리고 계급을 막론하고 젊은 남성이 가족, 친구, 동
급생 등을 잔인하게 살해하는 사건에 이 사회가 보이는
반응을 보면, 그 관계를 잘 모른다는 사실이 더욱 분명해
진다. 대중매체는 왜 이런 폭력이 발생하는지를 가부장제
적 사고와 연결짓지 않은 채 그저 묻기만 한다.

비판 의식을 함양하기 위해 대중적인 페미니즘 교육이
필요하다. 안타깝게도 지금까지는 계급 엘리트주의가 페
미니즘적 사고의 방향을 짰다. 대부분의 페미니즘 사상
가/이론가는 엘리트들로 둘러싸인 대학에서 연구할 뿐이
다. 우리는 대부분 어린이 책을 쓰지도, 초등학교에서 가
르치지도, 공교육 교육 과정에 건설적인 영향을 미치게끔
적극적인 로비 활동을 하지도 않는다. 나는 누구나 쉽게

납득하는 페미니즘 사상을 만드는 페미니즘 운동의 일부가 되고 싶었기에 어린이 책을 쓰기 시작했었다. 읽거나 쓸 줄 모르는 모든 세대의 사람들 한 명, 한 명에게 메시지를 전하는 데에는 오디오북도 좋다.

페미니즘의 메시지를 널리 전하기 위해 가가호호 문을 두드리는 집단적인 노력은, 페미니즘 정치는 급진적일 수밖에 없다는 기본 전제와 더불어 새로운 모습으로 새로이 시작하는 운동에 필수불가결하다. 급진적인 면은 대개 음지로 밀려나게 마련이므로, 페미니즘의 메시지를 퍼뜨리고 싶다면 페미니즘을 양지로 끌어올리기 위해 최선을 다해야 한다. 페미니즘은 성차별주의와 그에 근거한 지배와 억압을 끝내려는 운동이며 젠더 차별을 근절하고 평등한 사회를 만들기 위해 노력하는 투쟁이므로 근본적으로 급진적인 운동이다.

페미니즘 활동가들이 모든 방면에서 나타나는 성차별주의를 몰아내기 위한 노력을 그만두고 오로지 개혁에만 집중하자 페미니즘 운동에 내재된 급진성을 둘러싸고 혼란이 빚어졌다. 수많은 '페미니즘들'이 있을 수 있다는 주장은, '파워 페미니스트'라는 용어를 최초로 사용한 집단 중에서도 지위와 특권 계급의 권력을 추구한 여성들의 보수적이고 자유주의적인 정치적 이해에 부합한 것이었다. 이들은 페미니스트가 임신중단에 반대할 수 있다고 주장한 최초의 집단이기도 했다. 이는 또하나의 그릇된 주장이다. 여성이 자신의 몸을 스스로 통제할 수 있는 권리를 인정하는 것이야말로 페미니즘의 기본 원칙이다. 여성 개인이 임신중단을 하느냐 마느냐는 순전히 선택의 문제다. 임신중단을 하지 않는다고 해서 반反페미니스트가 되는 게 아니다. 여성에게 선택할 권리가 있다는 것이야말로 페미니즘의 원칙이다.

기생적인 계급관계와 부와 권력을 향한 탐욕으로 여성들은 빈민, 노동자 계급 여성들의 이해를 배신하기에 이르렀다. 한때 페미니즘 사상과 함께했던 여성들이 이제 공공복지에 반하는 정책을 지지한다. 그들은 자신들의 입장에 아무런 모순도 느끼지 않는다. 이들은 단순히 각자 생각하는 페미니즘에 나름의 '브랜드'를 달았을 뿐이다. 페미니즘을 라이프스타일이나 상품으로 여기게 되면 저절로 페미니즘 정치의 중요성은 희석된다. 오늘날 수많은 여성들이 페미니즘을 제외한 시민권만을 원한다. 이들은 공적인 분야에서 평등을 갈망하는 순간조차 사적인 분야에서는 가부장제 체제가 온전하게 남아 있기를 원한다.

그러나 선구적인 페미니즘 사상가들은 일찍이 운동 초기부터 가부장제와 결탁하거나 하다못해 페미니즘 운동의 일부 주장에 대한 가부장제의 지지(가령, 여성에게 일을 하라는 요구)를 받아들인다면 결과적으로 여성의 입장이 취약해질 것이라 보았다. 우리는 삶을 지배하는 체제가 근본적으로 바뀌지 않은 상태에서 획득한 권리는 다시 쉽게 빼앗길 수 있다는 점을 잘 알게 되었다. 그리고 우리는 임신선택권 문제에서, 특히 임신중단 문제에서 우려했던 일이 벌어지는 현실을 이미 알고 있다. 가부장제의 틀 안에서 시민권을 쟁취했다 한들, 여성들로 하여금 우리가 실제보다 더 잘 지내고 있으며 지배구조가 변했다고 생각하게 한다면 이는 위험한 일이다. 실제로 많은 여성들이 페미니즘에 등을 돌리면서 이러한 구조는 다시 공고해진다.

극단적인 반페미니즘 역풍도 페미니즘 운동을 약화시켰다. 이 역풍의 주역은 페미니즘을 맹비난하며 결국 운동을 훼손한 기회주의적이고 보수적인 여성들이었다. 가령, 최근에 출간된 대니엘 크리텐든*의 『우리 어머니들이 말해주지 않은 것들 ― 왜 행복은 현대 여성을 피해 가는

---

* Danielle Crittendon. 캐나다 출신의 언론인이자 저술가.

가』는, 여성은 항상 가정에서 살림을 하며 건강한 아이를 낳아 기르는 어머니가 되어야 하며, 여남의 사고방식이 근본적으로 다름을 인정해야 하며, 무엇보다도 여성들에게 페미니즘이 잘못됐다고 주장한다. 페미니즘을 비난하는 사람들은 현대 여성이 직면한 불만은 모두 페미니즘 운동 탓이라고 주장한다. 그들은 절대 가부장제나 남성중심주의, 인종차별주의, 계급 착취 등에 대해서 언급하지 않는다. 반페미니즘 책들이 쉬운 말로 쓰여 광범한 독자에게 다가가는 데 반해, 그들의 메시지에 맞설 만큼 대중적인 페미니즘 이론서는 전무한 실정이다.

급진주의 페미니스트들 특히 이제 중년에 들어선 서른다섯에서 예순다섯 사이의 우리 같은 여성들과 이야기를 해보면 페미니즘이 그들의 삶에 미친 건설적인 영향에 대한 놀라운 증언을 듣게 된다. 이들의 이야기를 기록으로 남겨, 페미니즘은 여성들의 삶을 더 고단하게 만들었을 뿐이라는 대중의 오해를 바로잡을 수 있도록 해야 한다. 여전히 가부장제적 사고와 행동이 근본적으로 바뀌지 않은 상황에서 살아가는 여성들이 페미니즘의 사고와 실천을 받아들인다는 것은 여성의 삶을 훨씬 복잡하게 만드는 일인 게 사실이긴 하다.

선구적인 페미니스트들은 늘 남성들을 변화시켜야 한다고 생각했다. 이 세상의 모든 여성은 페미니스트가 될 수 있지만 남성들이 성차별주의를 버리지 않는 한 우리의 삶은 여전히 위축된 채로 남아 있을 것이다. 젠더 전쟁은 여전히 일상적이다. 남성을 투쟁의 동지로 받아들이기를 거부했던 페미니즘 활동가들은, 그러니까 남성이 페미니즘 정치로부터 어떤 식으로든 혜택을 본다면 결국 여성이 패배하는 것이라는 비이성적인 두려움을 떨치지 못한 이들은, 대중이 페미니즘을 의심하고 무시하도록 엉뚱하게 거든 셈이 되었다. 그리고 남성을 혐오하는 여성들 중에는 남자들과 함께하느니 차라리 페미니즘이 발전하지 않는 게 낫다는 이들도 있었다. 하루빨리 남성들이 페미니즘의 기치를 들고 가부장제에 맞서야 한다. 이 지구에서 안전하고 영속적인 삶을 영위하려면 남성들이 페미니스트로 전향해야 한다.

페미니즘 운동은 연령과 여남을 불문하고 모든 사람들이 성차별주의를 철폐하기 위해 노력해야 진보한다. 이런 노력을 실천하기 위해 꼭 어떤 단체에 가입할 필요는 없다. 우리가 선 그곳에서 페미니즘을 위한 행동을 하면 된다. 우리는 가정에서, 우리가 사는 지역에서, 우리 자신과 우리가 사랑하는 이들을 가르치며 페미니즘을 위한 노력을 시작할 수 있다. 과거 페미니즘 운동은 여성과 남성 개개인에게 변화를 위한 청사진을 제대로 제시하지 않았다. 페미니즘 정치의 취지와 방향에 대해서는 확고한 믿음을 바탕으로 하더라도, 페미니즘적 변화를 이끌어내는 전략만큼은 다양해야 한다.

페미니즘으로 가는 길은 하나가 아니다. 사람마다 살아온 배경이 천차만별이므로 각자의 삶에 곧장 말을 건네는 페미니즘 이론이 필요하다. 흑인 여성 페미니즘 사상가로서 나는 페미니즘 투쟁이 흑인의 삶을 개선하는 데 매우 중대한 역할을 한다는 점을 모든 흑인이 받아들일 수 있는 구체적인 관심사와 전략을 찾아내기 위해서, 반드시 흑인의 삶에서의 젠더 역할을 비판적으로 검토해보아야 한다고 생각한다.

선구적인 급진적 페미니즘은 우리 모두에게 제국주의-백인우월주의-자본주의-가부장제 내에서 우리가 어떤 위치에 서 있는지 정확하게 판단할 수 있게끔 젠더와 인종, 계급의 관점에서 각자의 삶을 용감하게 되돌아보라고 격려한다. 오랜 세월 동안 많은 여성 페미니스트들은 젠더가 어떤 이의 상황을 결정하는 유일한 요소라는 그릇된 전제를 고수했다. 이러한 아집을 깨뜨리는 일도 페미니즘 정치를 위한 결정적 전환점이었다. 덕분에 여성들은 인종과 계급이라는 장벽에 가로막혀 여성운동이 대중화되지 못했던 과정을 직시할 수 있게 되었다.

우리는 이제 페미니즘 투쟁을 다시 시작할 준비를 마쳤다. 페미니즘 운동만큼 가부장제가 여성과 남성의 행복을 얼마나 위협하는지 확실하게 보여주는 것도 없기에 반페미니즘 역풍은 여전히 존재한다. 만일 페미니즘 운동이 성차별주의와 남성중심주의의 영구화가 어떤 위험을 내포하는지 제대로 알려주지 않았다면 페미니즘 운동은 실패했을 것이다. 페미니즘에 반대하는 목소리가 커질 일도 없었을 것이다. 가부장제 대중매체는 페미니즘 교실에서 남성은 환영받지 못한다는 거짓말을 계속 퍼뜨리고 있지만, 실은 페미니즘을 공부하고 그 사상을 받아들이는 남자들이 점점 늘어나고 있다. 페미니즘 운동에서의 이런 의미심장한 변화가 가부장제에 더욱 위협적으로 작용한다. 앞서 강조했다시피 페미니즘 운동이 여성에게만 집중했다면 가부장제적 현실은 조금도 흠집이 나지 않았을 것이며, 가부장제를 지지하는 세력이 페미니즘을 가혹하게 공격할 필요도 없었을 것이다.

가부장제적 대중매체와 성차별주의 지도자들은 거듭해서 페미니즘은 죽었다고, 페미니즘은 더이상 아무 의미가 없다고 말한다. 그러나 현실로 눈을 돌리면 사방에서 모든 연령의 여성과 남성들이 계속해서 젠더 평등에 대해 고민하고, 스스로를 제한하거나 구속하는 게 아니라 자신을 해방해줄 새로운 젠더 역할을 계속 모색하고 있다. 그리고 그들은 이러한 문제에 대한 답을 구하기 위해 계속해서 페미니즘을 찾는다. 선구적인 페미니즘은 우리에게 미래를 향한 희망을 준다. 페미니즘 사고는 상호관계와 상호의존의 윤리를 강조함으로써 우리에게 불평등이 초래한 결과를 바꾸고 동시에 지배를 종식할 방법을 제안한다. 상호성이 일상인 세계에서는 때때로 모두가 평등하지 않더라도 그 불평등의 결과가 반드시 복종과 식민지화, 비인간화는 아닐 것이다.

성차별주의와 그에 근거한 착취와 억압을 끝장내기 위한 운동으로서의 페미니즘은 생생하게 살아 숨쉬고 있다. 비록 대중 기반의 운동 역량은 갖추지 못했지만 그러한 방향으로 운동을 새롭게 시작하는 게 우리의 첫번째 목표다. 우리 삶에서 페미니즘 운동이 계속 이어질 수 있도록 선구적인 페미니즘 이론은 우리가 살아가는 자리, 우리의 현재를 고심하게끔 끊임없이 생산되고 재생산되어야 한다. 여성과 남성은 젠더 평등이라는 목표에 있어 큰 걸음을 내디뎠다. 그리고 자유를 향한 이러한 전진은 더 멀리 나갈 힘을 줄 것이다. 우리는 용감하게 과거로부터 교훈을 얻고, 페미니즘 원칙들이 우리의 공적 사적 삶의 모든 영역을 아우를 미래를 위해 노력할 것이다. 페미니즘 정치의 목표는 지배를 종식하여 우리가 있는 그대로 자기 자신으로 살아가게끔 우리를 해방하는 것이다. 얼마든지 정의를 사랑하고, 평화로운 삶을 누릴 수 있도록 말이다. 페미니즘은 모두를 위한 것이다.

해제

# 우리에게는 미래가 '있다'

권김현영(여성주의 연구활동가)


## 페미니즘을 갱신한다는 것


벨 훅스를 읽는 건 언제나 도움이 되었다. 뜨겁게 논쟁하던 이십대에도, 생각이 많아진 사십대에도 그렇다. 10년 전, 당시 매우 신뢰하던 한 레즈비언 인권운동가가 얼마 전 이 책을 읽었다며 내게 물었다. "왜 이 모든 것을 알면서도 한국의 페미니즘은 같은 실수를 반복한 거죠?" 나는 이 질문을 듣고 두 번 울었다. 한 번은 너무 억울해서, 한 번은 너무 맞는 말이라서. 운동을 할 때 어쩔 수 없이 몇 가지 제약을 수용해야만 할 때가 있지 않느냐는 억울한 마음이 잠시 들기도 했다.

·

하지만 맞는 말이다. 지난 20여 년간의 페미니즘은, 아니 정확히 말하자면 페미니즘의 성주류화 전략은 '실패'했다. 성차별은 분명 더욱 심해지고 있는데 증거는 점점 인멸되었다. 일하는 여성은 해방되기는커녕 더 많은 시간 동안 더 적은 돈을 받으면서도 언제 잘릴지 모르는 불안함까지 감당하게 되었다. 가사와 육아에 전념하는 전업주부들에 대한 비난은 더욱 거세졌다. 성폭력을 비롯한 다양한 형태의 젠더 폭력은 증가일로에 있고, 이러한 폭력이 가시화되었다는 것 자체에 의미를 두기에는 문화적으로 유의미한 변화를 발견하기도 어렵다. 한국 사회에서 페미니스트들이 제기해온 사회 변혁의 아이디어들은 매우 제한적으로 수용되었고, 그마저도 심각하게 왜곡되었다. 벨 훅스의 표현대로 "페미니즘 이론이 학계라는 게토에 안주하면서 그 외부와의 연결고리는 약해졌다. 학계에서는 예나 지금이나 연구가 진행되고 있으며 때로 통찰력이 담긴 결과물이 나타나기도 하나 이러한 통찰은 대중에게 거의 알려지지 않는다".

반면, 페미니즘에 대한 악성 소문들은 끊임없이 재생산되었다. '여성가족부가 (여성의 성기 모양처럼 보이기 때문에) 죠리퐁 판매를 금지했다'는, 누가 이런 말을 믿을까 싶었던 유치한 거짓 소문은 20년 동안 유통되고 있다. 하지만 소문의 영향권에 있는 사람들은 '진짜' 사실을 알고 싶어하지 않는다. 이런 상황에서 내부 비판의 동력이 상실되어간 것도 사실이다.

한동안 페미니즘은 행동과 실천은커녕 수사나 선언 수준으로도 좀처럼 얘기되지 않았다. "페미니즘 운동 내부에서 기회주의가 팽배할수록, 페미니스트들이 거둔 결실을 대단찮게 여기고 그 성과를 당연시할수록 이런 연대의 형성과 지속을 위해 열심히 고민하는 여성들이 점점 줄어들었다. 수많은 여성들이 자매애의 신념을 간단히 포기했다. 한때 가부장제를 비난하고 이에 저항했던 여성들이 성차별주의자 남성들과 다시 결탁"하는 일은 20여 년 전 미국에서만 일어난 일은 아니었다. '우리'는 페미니즘을 새롭게 갱신하는 데 실패하고 있었다.


### 내부 비판의 동력

이 와중에 2015년 한 소년이 "페미니즘이 싫다"며 국제 테러리스트 조직으로 떠났다. 충격적인 일이었지만,

뒤이어 벌어진 일은 그보다 더 놀랍다. 한 남성 칼럼니스트가 테러리즘보다 무뇌아적 페미니즘이 더 큰 문제라고 쓴 것이다. 아마 이 칼럼은 그가 쓴 어떤 글보다도 오랫동안 살아남아 한국의 페미니즘 역사에서 영원히 인용될 것이다. 이 칼럼은 기본적인 사실관계부터 정치학에 이르기까지 뭐 하나 볼 가치가 없었지만 바로 그렇기 때문에 여성들의 분노를 자아내는 데 '충분'했다. 십대 소년이 사실상 자살특공대가 되는 충격적인 선택을 할 정도로 망가진 이유가, 거의 영향력을 상실해가고 있는 고사 직전의 페미니즘 때문이라니. 역설적이게도 바로 거기에서 페미니즘이 다시 시작되었다. 이 사건을 계기로 한번도 페미니스트인 적이 없었던 사람들이 페미니스트 선언을 했고, 혹자의 표현대로 '생애 최초' 페미니즘 직접 행동을 시작했다. 한국 사회의 민낯을 보게 된 이 새로운 집단의 여성들은 돌아갈 다리를 불태우고, 새로운 길을 내고 있다. 오랫동안 페미니스트로 살아오면서 지난 몇 년간의 '부흥'은 경이로운 순간들의 연속이었다.

이 열기가 얼마나 지속될까. 2017년 3월에 열린 행사에서 이 새로운 시대의 장면을 만들고 있는 한 이십대 페미니스트는 그 전세대처럼 자신들의 운동도 '망함'으로 남을까봐 두렵다고 말했다. 그 전세대들은 상업자본의 침투와 신자유주의로 인해서 망했다면, 자신들은 '뀐충' 혹은 '워마드'라며 서로 갈등하고 결국 소통하지 못하고 연대하지 못해서 망하게 되지 않을까 생각한다는 내용의 발표였다. 하지만, 지난 20년간의 한국 페미니즘이 '망한' 이유는 신자유주의나 상업자본의 영향 때문이 아니다. 우리 안의 차이를 인정하고 내부 비판을 통해 서로를 성장시키는 방법을 찾지 못했기 때문이다. 내부 비판의 동력이 상실된, '자기비판'이 불가능해진 사상과 실천은 반드시 소멸된다. 그때도 지금도 어쩌면 비슷한 벽에 부딪혀 있는 것은 아닐까.

그런 면에서 이 책은 아주 적절한 순간에 한국의 페미니스트들에게 찾아왔다. 벨 훅스는 언제나 주류 페미니즘의 폐부를 찔러왔고, 누구보다도 페미니즘 '내부'의 정치에 강력하게 개입하고 비판해왔다. 또 페미니즘이 세상을 진정으로 변화시킬 수 있다고 믿었다. 그리고 당대의 페미니즘이 벨 훅스의 비판에 열정적으로 응답한 결과, 백인 중산층에 초점이 맞춰져 있던 당시의 페미니즘은 "모두를 위한 페미니즘"으로 성공적으로 갱신되었다. 물론, 벨 훅스의 몇 가지 '묘사'들은 오류가 있고, 한국의 지금

과는 잘 맞지 않기도 하다. 레즈비언의 부치-팸 관계를
사도마조히즘 관계와 같은 것으로 잘못 이해하는 부분도
나오고, 임신선택권 전반이 아니라 임신중단의 권리에만
집중한 것은 중산층 중심 사고방식이라는 등의 의견은 사
회경제적인 사유로 인한 임신중단이 여전히 '죄'인 한국
의 상황과는 많이 다르다.


## 여자인지 남자인지는 생각보다 중요하지 않다

그럼에도 벨 훅스가 이 책에서 공들여서 주장하고자 하
는 부분에 초점을 맞춰볼 필요가 있다. 저자는 페미니스
트인 우리가 반대하는 것은 '남자'가 아니라는 점을 분명
히 하고자 한다. 남성중심주의를 비판하는 것은 중요하지
만, 남자를 반대할 수는 없지 않은가. 또한 여성이라고 해
서 모두 피해자이기만 한 것은 아니다. 때로 여성은 가해
자가 되기도 한다. '남자아이들은 주로 성차별주의적 남
성성 규범에 맞지 않지 않는 행동을 할 때 이런 학대의 대
상이 된다' '가족 내 성차별주의의 주요 전파자는 대개 여
성 양육자다' '성인 여성이 아동에게 폭력을 행사한다는

사실을 페미니즘 운동이 직시하려들지 않으면 여성이 다양한 형태로 아동을 학대하는 현실을 쉽사리 무시하게 만든다' 같은 구절들은 그동안 페미니즘에서 강조되어온 남성중심주의에 대한 비판의 다른 면들을 정확히 짚어낸다. 젠더를 이분법으로 딱 잘라 여성과 남성으로 나누고, 남성을 없애는 식으로는 성차별주의를 없앨 수 없다.

또한 이런 상황에서 몇몇 여성들이 때로 가장 적극적으로 성차별을 행하기도 한다는 건 놀라운 일이 아니다. 성차별주의는 우리 사회의 '정상적' 사고방식으로 간주되어왔기 때문이다. 여성들은 직장에서 성차별을 비롯한 각종 차별로부터 부당한 대우를 받고, 가정에서는 가사와 육아를 책임지는 여성노동자들을 고용하는 역할을 하게 되었다. 그 자체로 이중노동이면서, 동시에 고용주로서의 위치에서 다른 위계 속에서 살게 된 것이다. 벨 훅스는 "캐럴 길리건 같은 페미니즘 사상가들이 질리지도 않고 여성이 더 다정하고 더 윤리적이라고 말했지만, 여성들이 자신보다 더 힘없는 다른 여성들에게 하는 행동을 보면 도무지 그 말에 동의할 수 없다"며 "여성들이 자신이 속한 정체성이라 생각하는 같은 민족이나 인종 집단에 보이는 보살핌의 윤리는, 그들이 공감할 수 없고 동질성이나 연대감을 느끼지 못하는 사람들에게는 미치지 않았다"는 점을 통렬하게 지적하기도 한다. "페미니스트는 태어나는 것이 아니라 만들어진다"는 것이다. 그러므로 여성 혹은 남성이라는 이원화된 성별 구분은 페미니스트-되기에 있어 결정적이지도, 생각보다 중요한 문제도 아니다.


## 생각하고 말할 수 있는 능력


2017년 2월, 한국보건사회연구원에서는 지나치게 공부를 많이 하고 자기를 계발하는 여성들을 실질적으로 처벌할 방법을 찾아야 한다는 보고서를 제출했다. 그 보고서의 마지막에는 실력과 경험을 갖춘 여성들의 눈이 높아져서 더욱 결혼을 기피하고 있으므로, 국가에서 "비밀리에" 여성들의 눈을 낮출 수 있는 콘텐츠를 개발하자는 제안으로 끝난다. 이 모든 것이 농담이 아닌 시대에, 페미니즘은 어떤 언어와 전략을 가져야 할까. 개인적으로 실력을 쌓고, 준비를 하는 것으로는 공정한 대우를 기대하기 어렵다는 사실이 확실해졌다. 삶의 다음을 준비할 시간이 부족한 여성들을 더 차별할 근거가 될 뿐이다. 혹자는 이 각자도생의 시대에 페미니즘이라는 '빨간 약'을 먹고 나면 사는 게 더 힘들고 불편해지지 않을까 걱정하기도 한다.

나는 이런 시대에 특히 '예민함'이라는 감각이 재평가되어야 한다고 생각한다. 예민하다는 것은 상처를 잘 받는다거나 약하다는 의미가 아니다. 예민한 사람들은 상황을 잘 이해하는 사람들이다. 예민함은 이상한 상황을 이상하다고 '생각하고', 이상하다고 '말할 수 있는 능력'이다. 예민하다는 건 주어진 질서의 오류와 모순을 눈치챌 정도로 지적이며 동시에 강인하다는 것이기도 하다. 생각을 멈추지 않는 삶이라는 점에서 예민함이라는 감각은 (푸코의 표현을 빌리자면) 자기에의 배려 혹은 통치되지 않으려는 의지로 이어질 수 있다. 예민함은 약자에게 강요되는 부정의한 제약을 거부하는 감각이다. 바로 그렇기 때문에 '생각하고 말할 수 있는 능력'은 때로 권력이 될 수 있다. 예민한 사람은 약자가 아니라 강자가 될 수 있는 가능성을 손에 쥔 사람이다. 사실 진짜 취약한 위치에 있는 사람, 착취와 억압에 저항할 수 있는 자원을 가지지 않은 사람은 예민할 겨를이 없다. 예민함이라는 감각을 '생각하고 말할 수 있는 능력'으로 이해하게 되면, 문제를 제기하는 사람이 스스로 점점 무력해진다고 느끼는 고립감에서 벗어날 수 있게 되지 않을까. 더불어, '상처받았다' 며 발화자의 위치를 피해자로 지정하는 말하기에서, (우리 시대의 페미니스트 아이콘이 된 '퓨리오숙' 김숙의 유행어인) "상처 주네?"라고 상대에게 되묻는 말하기로 전환하는 페미니즘 정치학을 제안하고 싶다. 페미니즘은 약자를 '위한' 정치학이지, 약자가 '되자'는 정치학은 아니기 때문이다.

## 모두를 위한 페미니즘

사실 우리는 이미 서로에게 약자이자 강자다. 우리가 약자를 배려해야 하는 이유는 약자가 생존 가능한 사회에서만 우리는 모두 우리의 취약함을 감당하고 살아남을 수 있기 때문이다. 강한 것이 살아남는 것이 아니라 약해도 살아남을 수 있다는 점이 인간을 지금까지 '진화'시켜왔다. 인류의 진화는 다양성이라는 조건에서 이루어졌으며 우리는 점점 더 서로에게 의존할 수밖에 없는 방식으로 살아남았다. 그러므로 각자도생의 사회란 인류에게는 불가능한 미션이다. 약자를 위한 정치학이기 때문에 페미니

즘은 '모두를 위한' 페미니즘이 될 수 있으며, '다양성'은
우리의 가장 큰 무기가 될 것이다.

모든 사람들이 진정한 페미니즘에 대해서 걱정하고 옥
석을 가려야 한다고 이야기하는 시대다. 하지만 벨 훅스
의 말대로 페미니즘만큼 내부의 비판에 열려 있고 새로운
정보를 수용할 수 있는 사상도 없다. 여성이 처해 있는 사
회적 상황은 언제나 변화하고, 그에 따른 차별의 양상도
달라진다. 또한 여성들은 모든 계급과 지역에 존재하고,
모든 연령을 경험하며, 각기 다른 방식으로 성적 파트너
를 선택하고 가족을 구성한다. 여성들은 어디에나 있고,
그렇기 때문에 페미니즘은 언제나 변화할 수밖에 없는 조
건에 있다. 실제로 페미니즘은 그 어떤 사상보다 활발하
게 내부를 비판하고 논쟁해왔다. 적절한 순간에 찾아온
열정적인 비판들은 페미니즘을 언제나 새롭게 갱신했다.
벨 훅스가 한 일이 바로 그런 것이었다.

우리는 정말 우리 안의 차이를 즐길 수 있게 될까? 만
약 가능해진다면, 그것이야말로 진정한 혁명의 증거가 될
터이다. 벨 훅스가 또다른 책에서 인용한 흑인 여성 작가
아마 아타 아이두Ama Ata Aidoo의 『나의 킬조이 자매Our
Sister Killjoy』라는 소설에는 이런 구절이 나온다. "우리는

과거와 현재의 희생자이다. 과거와 현재는 사랑으로 향한 길에 너무나 많은 장애물을 놓았다. 우리는 평화로울 때 조차도 우리가 다르다는 사실을 즐길 수 없다." 여성을 하나의 이해관계를 공유하는 집단으로 묶어놓고 그 규범 으로부터 벗어난 이들을 단죄하는 문화에서는, 우리는 결 코 우리의 차이를 즐길 수 없을 것이다. 하지만 내부 비판 에 열려 있고, 차이를 축복할 수 있게 된다면, (나 자신으 로서 자유롭게 살 권리를) 억압받은 사람들은 언제나 새로 운 길을 찾아낼 것이다. 그렇게 페미니즘이 매번 갱신될 수만 있다면, 그래서 페미니즘이 모두를 위한 것으로 받 아들여진다면, 우리에게는 미래가 '있다'.

옮긴이 **이경아**

한국외국어대학교 러시아어과와 같은 대학 통역번역대학원 한노과를 졸업했다. 현재 한국외국어대학교 통역번역대학원에서 강의하면서 전문 번역가로 활동중이다. 옮긴 책으로 『셜록 홈스 전집』 『모든 일이 드래건플라이 헌책방에서 시작되었다』 『이웃의 아이를 죽이고 싶었던 여자가 살았네』 『소설이 필요할 때』 『여행하지 않을 자유』 외 다수가 있다.

모두를 위한 페미니즘

1판 1쇄 2017년 3월 27일
1판 23쇄 2022년 12월 23일

지은이 벨 훅스 | 옮긴이 이경아
기획·책임편집 임혜지 | 편집 이경록 박영신 | 모니터링 이희연
디자인 강혜림 이주영 | 저작권 박지영 이영은 김하림 형소진
마케팅 정민호 이숙재 박치우 한민아 이민경 안남영 왕지경 김수현 정경주 김혜원
브랜딩 함유지 함근아 김희숙 고보미 박민재 박진희 정승민
제작 강신은 김동욱 임현식 | 제작처 영신사

펴낸곳 (주)문학동네 | 펴낸이 김소영
출판등록 1993년 10월 22일 제2003-000045호
주소 10881 경기도 파주시 회동길 210
전자우편 editor@munhak.com | 대표전화 031) 955-8888 | 팩스 031) 955-8855
문의전화 031)955-2689(마케팅) 031)955-2672(편집)
문학동네카페 http://cafe.naver.com/mhdn
인스타그램 @munhakdongne | 트위터 @munhakdongne
북클럽문학동네 http://bookclubmunhak.com

ISBN 978-89-546-4481-5 03300

**www.munhak.com**